U0785345

中华人民共和国行业推荐性标准

公路沥青路面再生技术规范

Technical Specifications for Highway Asphalt Pavement Recycling

JTG/T 5521—2019

主编单位：交通运输部公路科学研究院
批准部门：中华人民共和国交通运输部
实施日期：2019 年 11 月 01 日

人民交通出版社股份有限公司

律 师 声 明

本书所有文字、数据、图像、版式设计、插图等均受中华人民共和国宪法和著作权法保护。未经人民交通出版社股份有限公司同意，任何单位、组织、个人不得以任何方式对本作品进行全部或局部的复制、转载、出版或变相出版。

本书封面贴有配数字资源的正版图书二维码，扉页前加印有人民交通出版社股份有限公司专用防伪纸。任何侵犯本书权益的行为，人民交通出版社股份有限公司将依法追究其法律责任。

有奖举报电话：（010）85285150

北京市星河律师事务所

2020 年 6 月 30 日

图书在版编目（CIP）数据

公路沥青路面再生技术规范：JTG/T 5521—2019 / 交通运输部公路科学研究院主编. — 北京：人民交通出版社股份有限公司，2019. 9

ISBN 978-7-114-15839-1

Ⅰ. ①公… Ⅱ. ①交… Ⅲ. ①沥青路面—再生路面—道路施工—技术规范 Ⅳ. ①U416. 217-65

中国版本图书馆 CIP 数据核字（2019）第 193381 号

标准类型： 中华人民共和国行业推荐性标准
标准名称： 公路沥青路面再生技术规范
标准编号： JTG/T 5521—2019
主编单位： 交通运输部公路科学研究院
责任编辑： 丁 遥
责任校对： 张 贺 龙 雪
责任印制： 刘高彤
出版发行： 人民交通出版社股份有限公司
地 址：（100011）北京市朝阳区安定门外外馆斜街 3 号
网 址： http://www.ccpress.com.cn
销售电话：（010）59757973
总 经 销： 人民交通出版社股份有限公司发行部
经 销： 各地新华书店
印 刷： 北京市密东印刷有限公司
开 本： 880×1230 1/16
印 张： 6
字 数： 120 千
版 次： 2019 年 9 月 第 1 版
印 次： 2024 年 8 月 第 3 次印刷
书 号： ISBN 978-7-114-15839-1
定 价： 60.00 元
（有印刷、装订质量问题的图书，由本公司负责调换）

中华人民共和国交通运输部

公　　告

第64号

交通运输部关于发布《公路沥青路面再生技术规范》的公告

现发布《公路沥青路面再生技术规范》(JTG/T 5521—2019)，作为公路工程行业推荐性标准，自2019年11月1日起施行，原《公路沥青路面再生技术规范》(JTG F41—2008）同时废止。

《公路沥青路面再生技术规范》(JTG/T 5521—2019）的管理权和解释权归交通运输部，日常解释和管理工作由主编单位交通运输部公路科学研究院负责。

请各有关单位注意在实践中总结经验，及时将发现的问题和修改建议函告交通运输部公路科学研究院（地址：北京市海淀区西土城路8号，邮编:100088)。

特此公告。

中华人民共和国交通运输部

2019年8月21日

交通运输部办公厅　　2019年8月22日印发

前　　言

根据《交通运输部办公厅关于下达2013年度公路工程行业标准制修订项目计划的通知》（厅公路字〔2013〕169号）的要求，由交通运输部公路科学研究院作为主编单位，承担《公路沥青路面再生技术规范》（JTG F41—2008）（简称“08规范”）的修订工作。

本规范修订的基本思路是：以服务交通运输科学发展、建设资源节约型和环境友好型行业为统领，以提升公路路面材料循环利用水平、保证沥青路面再生工程质量为目标，根据不同再生技术的技术特点进行差异化定位，细化和完善关系再生工程质量的关键指标要求，在借鉴和总结国内外相关应用经验和研究成果的基础上，对08规范进行修订。

本规范由1总则、2术语和符号、3基本规定、4再生沥青路面结构、5材料、6再生混合料组成设计、7厂拌热再生施工、8就地热再生施工、9厂拌冷再生施工、10就地冷再生施工、11全深式冷再生施工等11章和6个附录构成。本次修订的主要内容包括：

（1）进一步明确了不同类型的沥青路面再生技术的适用条件。

（2）完善了沥青路面再生工艺体系分类，包括将全深式冷再生从08规范的就地冷再生中独立出来，增加无机回收料再生相关内容等。

（3）完善了冷再生沥青路面设计，提出了冷再生路面结构组合建议。

（4）完善了再生沥青混合料配合比设计方法。

（5）细化了沥青路面再生施工工艺要求、再生设备要求、施工质量控制方法，删除了与交工验收有关的内容。

（6）对08规范的章节做出调整。增加了“3基本规定”“4再生沥青路面结构”“11全深式冷再生施工”等3章，08规范中“3原路面调查及分析”内容调整至本规范“4再生沥青路面结构”。

本规范由徐剑负责起草第1、2、3、4章及附录A、B，秦永春、郝培文、刘振清负责起草第5、9、10章及附录C、F，邹桂莲、王胥、曹荣吉、孙璐负责起草第6、7、8、11章及附录D、E。

请各有关单位在执行中，将发现的问题和意见，函告本规范日常管理组，联系人：秦永春（地址：北京市海淀区西土城路8号，交通运输部公路科学研究院，邮编：100088，电话、传真：010-62079525，电子邮箱：yc.qin@rioh.cn），以便下次修订时参考。

主 编 单 位： 交通运输部公路科学研究院
参 编 单 位： 长安大学
华南理工大学
苏交科集团股份有限公司
山东省路桥集团有限公司
东南大学

主 编： 徐 剑
主要参编人员： 王 胥 秦永春 邹桂莲 郝培文 曹荣吉
刘振清 孙 璐

主 审： 冯德成
参 加 人 员： 曾 蔚 周新波 姜 军 严金海 孙 斌
江 涛

目　次

1　总则

1.0.1　为规范公路沥青路面再生技术应用，提高技术水平，保证工程质量，制定本规范。

条文说明

沥青路面在养护和改扩建施工时产生大量废旧材料，将这些旧料再生，既减轻了环境污染，又减少了材料消耗，是实现公路交通运输可持续发展的重要手段和迫切需要。08 规范自发布实施以来，很好地指导和支撑了沥青路面再生工程实践。随着近年来沥青路面再生技术的快速发展、工程经验的进一步积累以及对沥青路面再生技术认识的不断提升和深化，需要对 08 规范进行修订。

1.0.2　本规范适用于各等级公路建设和养护工程。

1.0.3　沥青路面再生应采用沥青路面再生设备，将一定比例的新集料、再生结合料、沥青再生剂等新材料与沥青混合料回收料、无机回收料等沥青路面回收料进行拌和，并经摊铺、压实，形成路面结构层。

1.0.4　沥青路面再生方式分为厂拌热再生、就地热再生、厂拌冷再生、就地冷再生和全深式冷再生等 5 种。

条文说明

08 规范将沥青层就地冷再生和全深式就地冷再生统称为就地冷再生。我国现有的全深式冷再生方法一般采用水泥稳定的工艺对部分含有或全部含有非沥青的材料进行再生，这与美国的全深式冷再生的含义有相似之处。为方便国际间技术沟通交流，本次规范修订时将全深式冷再生独立于就地冷再生方法之外，本规范的就地冷再生则仅指对路面沥青层进行的再生。

本规范沥青路面再生方式分类由 08 规范中的 4 类增加至 5 类。这 5 类再生方式的主要差别见表 1-1。

表 1-1　各种再生方式的主要差别

再生方式	拌和场所		拌和温度		再生涉及层位			结合料类型		
	路面现场	拌和厂	加热	常温	沥青层	非沥青层	沥青层+非沥青层	沥青、沥青再生剂	乳化沥青或泡沫沥青	无机结合料
厂拌热再生		√	√		√			√		
就地热再生	√		√		√			√		
厂拌冷再生		√		√	√	√			√	√
就地冷再生	√			√	√				√	
全深式冷再生	√			√		√	√		√	√

注：使用乳化沥青或泡沫沥青作为结合料时，可同时添加水泥等无机结合料。

1.0.5　沥青路面养护工程产生的旧路面材料，应制订回收和利用方案，采用本规范规定的再生技术对其进行循环利用。

条文说明

路面维修养护产生大量废旧路面材料，亟须通过积极推广应用再生技术进行消化。国内外大量工程案例和研究结论表明，沥青路面再生技术成熟可靠，只要科学设计、精心施工，工程质量可以保证。路面再生技术在我国的应用时间相对较短，应用经验相对较少，建设各方对其技术原理、设备选型、材料设计、结构组合、施工关键点、质量风险点等的掌握一般不及传统施工工艺。因此，应注重再生路面设计、施工的全过程质量管理。

除了本规范规定的沥青路面再生技术，还有其他的废旧路面材料循环利用方式，例如将其用作路基填料、用于制作铺面砖等。

1.0.6　沥青路面再生应用应积极稳妥地采用新技术、新材料、新设备和新工艺。

1.0.7　沥青路面再生应用除应符合本规范的规定外，尚应符合国家和行业现行有关标准的规定。

2 术语和符号

2.1 术语

2.1.1 沥青混合料回收料 reclaimed asphalt pavement (RAP)

采用铣刨、开挖等方式从沥青路面上获得的旧沥青混合料。

2.1.2 无机回收料 reclaimed aggregate or reclaimed inorganic binder stabilized aggregate (RAI)

采用铣刨、开挖等方式从沥青路面上获得的旧无机结合料稳定粒料或旧无结合料粒料。

条文说明

我国沥青路面大量采用无机结合料稳定粒料基层，针对路面维修中产生大量无机结合料稳定粒料旧料的实际情况，增补本术语。

2.1.3 沥青路面回收料 reclaimed materials from asphalt pavement (RMAP)

采用铣刨、开挖等方式从沥青路面上获得的旧料，包括沥青混合料回收料(RAP)、无机回收料(RAI)。

条文说明

我国沥青路面绝大多数采用半刚性基层，回收的半刚性基层旧料与回收的沥青混合料旧料尽管都属于回收的沥青路面材料，但是性状和再生利用方式存在很大差异。为此，将回收的旧沥青路面材料分成两类，一类是沥青混合料回收料(RAP)，另一类是无机回收料(RAI)。

2.1.4 再生结合料 binder for RMAP

新添加到再生混合料中起主要胶结作用的材料，主要包括道路石油沥青、改性沥青、乳化沥青、泡沫沥青、水泥等。

2.1.5 沥青再生剂 rejuvenating agent (RA)

掺加到热再生沥青混合料中，用于改善老化沥青性能的添加剂。

2.1.6 厂拌热再生 hot central plant recycling

在拌和厂将沥青混合料回收料（RAP）破碎、筛分后，以一定的比例与新矿料、新沥青、沥青再生剂等加热拌和为混合料，然后铺筑形成沥青路面的技术。

2.1.7 就地热再生 hot in-place recycling

采用专用设备对沥青路面就地进行加热、翻松，掺入一定数量的新沥青、新沥青混合料、沥青再生剂等，经热态拌和、摊铺、碾压等工序，实现旧沥青路面面层再生的技术。

就地热再生技术分为两种，分别为：

（1）复拌再生（remixing）：将旧沥青路面加热、翻松，就地掺加一定数量的沥青再生剂、新沥青混合料、新沥青（需要时），经热态拌和、摊铺、压实成型。

（2）加铺再生（repaving）：将旧沥青路面加热、翻松，就地掺加一定数量的沥青再生剂、新沥青（需要时），拌和形成再生沥青混合料，利用再生复拌机的第一熨平板摊铺再生沥青混合料，利用再生复拌机的第二熨平板同时将新沥青混合料摊铺于再生混合料之上，两层一起压实成型。

条文说明

按照美国沥青再生协会的分类，就地热再生可以分为 surface recycling（表层再生）、remixing（复拌再生）、repaving（加铺再生）三种。三者的主要差别是：surface recycling 只掺加再生剂而不掺加新集料或者新沥青混合料，再生时可以铣刨翻松也可以耙松；remixing 需要掺加新沥青混合料，并将新沥青混合料与铣刨的原路面材料进行重新拌和、摊铺；repaving 是在对原路面进行再生的同时，在再生层上加铺薄层沥青罩面。

表层再生只掺加再生剂而不掺加新集料和新沥青，不调整沥青混合料回收料（RAP）级配，再生后的混合料性能一般不够理想，在国外很少使用，针对我国目前的实际路面情况更是很难找到表层再生适用的工程对象，因此本规范将就地热再生分为复拌再生和加铺再生两种方式，未吸纳表层再生。

此外，有的单位研究开发了双层再生、多步法再生等就地热再生工艺，使就地热再生深度达到 100mm 左右。

2.1.8 厂拌冷再生 cold central plant recycling

在拌和厂将沥青混合料回收料（RAP）或者无机回收料（RAI）破碎、筛分后，以一定的比例与新矿料、再生结合料、水等在常温下拌和为混合料，然后铺筑形成沥青路面的技术。

条文说明

本条增加了对无机回收料进行厂拌冷再生的内涵。对于RAP，一般使用乳化沥青或泡沫沥青作为再生结合料；对于RAI，可以使用水泥或石灰等无机结合料作为再生结合料，或根据工程需要使用泡沫沥青等作为再生结合料。使用沥青类结合料时可以同时掺加一定量的无机结合料。

2.1.9 就地冷再生 cold in-place recycling

采用专用设备对沥青层进行就地铣刨，掺入一定数量的新矿料、再生结合料、水，经过常温拌和、摊铺、压实等工序，实现旧沥青路面再生的技术。

条文说明

美国再生沥青协会规定，只使用乳化沥青时就地冷再生的处治深度一般为50～100mm；同时配合使用水泥、石灰来增强混合料早期强度和抗水损害性能的情况下，就地冷再生深度可以达到100～150mm。可见，美国的就地冷再生实际上只是沥青层的就地冷再生，将沥青层和下承层等一起进行的就地冷再生被称为全深式冷再生。这两种工艺在原材料品质、路用性能、工程目的等方面都有较大差异。为明确区分，同时也是与国外的概念相对应，本规范将就地冷再生限定为沥青层的就地冷再生。

2.1.10 全深式冷再生 full depth reclamation

采用专用设备对沥青层及部分下承层进行就地翻松，或是将沥青层部分或全部铣刨移除后对部分下承层进行就地翻松，同时掺入一定数量的新矿料、再生结合料、水等，经过常温拌和、摊铺、压实等工序，实现旧沥青路面再生的技术。

条文说明

本条将全深式冷再生从就地冷再生中独立出来，重新做出定义。

美国规定全深式冷再生是对全部沥青层和一定深度的下承层材料（基层、底基层、路基）进行的就地冷再生，再生深度为100～300mm。在我国工程实践中，有的会将部分或全部沥青层铣刨后，对部分下承层进行就地冷再生，本规范将该工艺纳入全深式冷再生的范畴。也就是说，本规范定义的全深式冷再生包括两种，一种是对沥青层和部分下承层一起进行的再生，另一种是铣刨了部分或全部沥青层后对下承层进行的再生。

2.1.11 再生混合料 recycled mixture

含有沥青路面回收料（RMAP）的混合料。

2.1.12 泡沫沥青 foamed asphalt

将热沥青和水在专用的发泡装置内混合、膨胀，形成的含有大量均匀分散气泡的沥青材料。

2.1.13 泡沫沥青膨胀率 maximum expansion ratio of foamed asphalt
泡沫沥青发泡状态下的最大体积与未发泡时沥青体积的比值。

2.1.14 泡沫沥青半衰期 half life of foamed asphalt
泡沫沥青从最大体积衰减到最大体积的50%所用的时间。

2.1.15 再生沥青 rejuvenated binder
RAP中的回收沥青与沥青再生剂、新沥青（需要时）组成的混合物。

2.2 符号

OEC——冷再生混合料最佳乳化沥青用量；
OFC——冷再生混合料最佳泡沫沥青用量；
OWC——冷再生混合料最佳含水率；
W_{opt}——泡沫沥青的最佳发泡用水量。

3 基本规定

3.0.1 再生沥青路面结构设计应符合现行《公路沥青路面设计规范》（JTG D50）的有关规定。

3.0.2 再生混合料的路面结构设计参数应按本规范附录A的有关规定执行。

3.0.3 不同来源和不同规格的沥青路面回收料（RMAP）宜分开堆放，应堆放在预先经过硬化处理且排水通畅的地面上，并应采取设置防雨罩棚等防水措施。

条文说明

沥青混合料回收料（RAP）和无机回收料（RAI）都容易吸附水分，热再生时加热升温难度大，冷再生时混合料含水率超过最佳含水率或者含水率变异性大，因此应采取防雨罩棚遮盖等防水措施。

3.0.4 沥青混合料回收料（RAP）与无机回收料（RAI）宜分开再生利用。

3.0.5 再生混合料配合比设计应按本规范附录B对沥青路面回收料（RMAP）进行取样与试验分析，选用符合要求的材料，确认满足本规范要求。使用泡沫沥青时应按本规范附录C对沥青的发泡特性进行检验。

3.0.6 再生混合料配合比设计原则上应按目标配合比设计、生产配合比设计、生产配合比验证三阶段进行。

条文说明

连续式拌和机拌制厂拌热再生沥青混合料时，可省略生产配合比设计步骤。但是对于我国普遍应用的间歇式拌和机，在进行厂拌热再生混合料配合比设计时需要按三阶段要求进行。

3.0.7 目标配合比设计阶段，应按本规范第6章、附录D、附录E、附录F的方法进行配合比设计。目标配合比设计应在满足混合料技术标准和检验要求的基础上，确定矿料级配、最佳沥青用量等内容。有成熟经验的地区和工程项目可使用其他设计方法进行混合料配合比设计，但应按本规范方法进行设计检验，满足要求时方可使用。

3.0.8 生产配合比设计阶段应符合下列规定：

1 采用厂拌热再生方式的再生混合料，应取目标配合比设计阶段的最佳沥青用量 OAC、OAC ±0.3% 这 3 个沥青用量进行马歇尔试验和试拌，通过室内试验及从拌和机取样试验综合确定生产配合比的最佳沥青用量，由此确定的最佳沥青用量与目标配合比设计结果的差值宜控制在 ±0.2% 范围内。

2 采用就地热再生方式的再生混合料，其中新添加的沥青混合料应按现行《公路沥青路面施工技术规范》（JTG F40）中的规定方法取样测试各热料仓的材料级配，确定各热料仓的配合比。

3 采用厂拌冷再生方式的再生混合料，进行目标配合比设计时使用的回收料是按本规范附录 B.1 现场取样的材料时，应按目标配合比使用料堆取样的材料进行混合料生产配合比设计；进行目标配合比设计时使用的回收料是按本规范附录 B.2 拌和厂料堆取样的材料时，可采用目标配合比作为生产配合比。

4 采用就地冷再生和全深式冷再生方式的再生混合料，应使用工程实际使用的冷再生机按再生工艺铣刨的回收料，并按目标配合比设计要求进行混合料生产配合比设计。

3.0.9 生产配合比验证阶段应符合下列规定：

1 应按生产配合比结果试拌、铺筑试验段，取样检测混合料各项指标是否满足本规范要求，由此确定生产用的标准配合比。

2 应根据标准配合比及设计文件要求，确定施工用的级配控制范围。

3.0.10 对于厂拌热再生和就地热再生，再生混合料应以沥青混合料回收料（RAP）中的回收矿料与新矿料的合成级配作为级配设计依据；对于厂拌冷再生、就地冷再生、全深式冷再生，再生混合料应以沥青混合料回收料（RAP）、无机回收料（RAI）与新矿料的合成级配作为级配设计依据。

3.0.11 沥青路面再生施工应符合下列规定：

1 不得在雨天施工。

2 就地热再生不宜在强风及以上风力条件下施工，不宜在路面潮湿情况下施工。

3 冷再生在养生初期 12h 内不宜雨淋，遇雨时应进行覆盖。

4 沥青路面再生施工和养生期的日最低气温不宜低于 5℃。

条文说明

《公路沥青路面施工技术规范》（JTG F40—2004）规定热拌沥青混合料不得在气温

低于10℃（高速公路和一级公路）或5℃（其他等级公路）的情况下施工，厂拌热再生可以参照。《公路路面基层施工技术细则》（JTG/T F20—2015）规定无机结合料稳定材料施工期的日最低气温应在5℃以上，无机结合料冷再生可以参照。因此提出施工养生期日最低气温不低于5℃的要求。

对于就地热再生而言，气温越高越有利于施工。气温低，一方面会造成路面加热困难，影响施工效率；另一方面，由于路面加热只是使原路面沥青膜和石料表层表面温度达到了较高的温度，而原路面材料内部温度较低，因此混合料温度下降快，难以保证有效压实，5℃的气温也是施工温度的下限。

4　再生沥青路面结构

4.1　原路面调查

4.1.1　应根据工程需要收集下列拟再生路段的相关资料：

1　基础数据，包括公路等级、设计标准、原路面结构和材料类型、几何线形等；

2　路段沿线环境条件、水文地质条件等；

3　交通状况信息，包括历年交通量、轴载组成情况等；

4　养护管理数据，包括养护历史、近5年的路况检测数据等；

5　价格参数，包括工程材料单价、人工费、机械设备费等。

4.1.2　应根据工程需要检测下列内容，并根据需要计算路面损坏状况指数（PCI）、路面结构强度指数（PSSI）、路面车辙深度指数（RDI）等：

1　路面表面损坏，包括各种路面损坏的位置、数量、严重程度等；

2　路面内部结构状况，包括结构损坏类型、病害层位、病害严重程度、层间黏结状况、结构层材料性能指标等，可通过探坑开挖、钻芯取样等方法检查；

3　路基顶面当量回弹模量；

4　路基路面排水状况，包括路表排水设施状况、结构内部排水状况、地下排水状况等，可通过人工调查、渗水仪检测等方法检查。

4.1.3　应对拟再生路段原路面材料进行取样，并根据工程需要进行性能指标测试。

4.2　再生方式的选择

4.2.1　沥青路面再生方式的选择可按表4.2.1-1～表4.2.1-6的规定进行。三、四级公路面层采用冷再生作为上面层时，应采用稀浆封层、碎石封层、微表处等做上封层。

表4.2.1-1　厂拌热再生的适用范围

公路等级	再生层的结构层位				
	表面层	中面层	下面层	基层	底基层
高速、一级	可使用	宜使用			—

续表 4.2.1-1

<table>
<tr><th rowspan="2">公路等级</th><th colspan="5">再生层的结构层位</th></tr>
<tr><th>表面层</th><th>中面层</th><th>下面层</th><th>基层</th><th>底基层</th></tr>
<tr><td>二级</td><td>可使用</td><td colspan="3">宜使用</td><td>—</td></tr>
<tr><td>三、四级</td><td colspan="3">宜使用</td><td colspan="2">—</td></tr>
</table>

注：表中“—”表示不存在这种情况。本条下表与之相同。

表 4.2.1-2　就地热再生的适用范围

<table>
<tr><th rowspan="2">公路等级</th><th colspan="5">再生层的结构层位</th></tr>
<tr><th>表面层</th><th>中面层</th><th>下面层</th><th>基层</th><th>底基层</th></tr>
<tr><td>高速、一级</td><td colspan="2">宜使用</td><td>可使用</td><td>—</td><td>—</td></tr>
<tr><td>二级</td><td colspan="3">宜使用</td><td>—</td><td>—</td></tr>
<tr><td>三、四级</td><td colspan="3">不应使用</td><td colspan="2">—</td></tr>
</table>

表 4.2.1-3　乳化沥青及泡沫沥青厂拌冷再生的适用范围

<table>
<tr><th rowspan="2">公路等级</th><th colspan="5">再生层的结构层位</th></tr>
<tr><th>表面层</th><th>中面层</th><th>下面层</th><th>基层</th><th>底基层</th></tr>
<tr><td>高速、一级</td><td>不应使用</td><td>可使用</td><td colspan="2">宜使用</td><td>—</td></tr>
<tr><td>二级</td><td>不应使用</td><td colspan="3">宜使用</td><td>—</td></tr>
<tr><td>三、四级</td><td colspan="5">宜使用</td></tr>
</table>

表 4.2.1-4　无机结合料厂拌冷再生的适用范围

<table>
<tr><th rowspan="2">公路等级</th><th colspan="5">再生层的结构层位</th></tr>
<tr><th>表面层</th><th>中面层</th><th>下面层</th><th>基层</th><th>底基层</th></tr>
<tr><td>高速、一级</td><td colspan="3">不应使用</td><td>可使用</td><td>宜使用</td></tr>
<tr><td>二级</td><td colspan="3">不应使用</td><td>宜使用</td><td>—</td></tr>
<tr><td>三、四级</td><td colspan="3">—</td><td colspan="2">宜使用</td></tr>
</table>

表 4.2.1-5　就地冷再生的适用范围

<table>
<tr><th rowspan="2">公路等级</th><th colspan="5">再生层的结构层位</th></tr>
<tr><th>表面层</th><th>中面层</th><th>下面层</th><th>基层</th><th>底基层</th></tr>
<tr><td>高速、一级</td><td colspan="2">不应使用</td><td colspan="2">宜使用</td><td>—</td></tr>
<tr><td>二级</td><td>不应使用</td><td colspan="2">可使用</td><td>宜使用</td><td>—</td></tr>
<tr><td>三、四级</td><td colspan="5">宜使用</td></tr>
</table>

表 4.2.1-6　全深式冷再生的适用范围

<table>
<tr><th rowspan="2">公路等级</th><th colspan="5">再生层的结构层位</th></tr>
<tr><th>表面层</th><th>中面层</th><th>下面层</th><th>基层</th><th>底基层</th></tr>
<tr><td>高速、一级</td><td>—</td><td>—</td><td>可使用</td><td colspan="2">宜使用</td></tr>
<tr><td>二级</td><td>—</td><td colspan="2">可使用</td><td colspan="2">宜使用</td></tr>
<tr><td>三、四级</td><td>—</td><td colspan="4">宜使用</td></tr>
</table>

条文说明

从美国厂拌热再生使用层位情况看：部分州不允许厂拌热再生混合料用于表面层；多数州对厂拌热再生混合料用于联结层（类似于我国的中下面层）时 RAP 掺加比例未做规定，少数州不允许使用掺有 RAP 的混合料；各州对厂拌热再生混合料用于基层时 RAP 掺加比例未做规定。

4.2.2 含 SBS 改性沥青的沥青混合料回收料（RAP）可用于厂拌热再生，使用其他类型改性剂的改性沥青混合料的回收料，应经论证后使用。

条文说明

从机理角度讲，SBS 聚合物改性沥青的形成是聚合物在基质沥青中产生溶胀并实现物理结构性相容的过程，聚合物改性沥青的再生主要是再生剂或者新沥青对改性沥青中基质沥青的再生。从技术指标角度讲，通过选择适宜的再生剂或者新沥青，SBS 改性沥青再生后的性能能够满足使用要求。

4.2.3 采用就地热再生方式时，路面技术状况宜满足表 4.2.3 的要求。

表 4.2.3 就地热再生方式适用的路面技术状况

指标		技术要求
路面结构强度指数 PSSI		≥80
原路面沥青层厚度（mm）		≥（再生深度+30）
再生深度范围内沥青混合料	沥青 25℃针入度（0.1mm）	≥20
	沥青含量（%）	≥3.8
路面病害波及范围		主要集中在再生深度范围内

条文说明

就地热再生对路面结构强度的贡献不大，其路用效果和寿命受到原路面结构强度的显著影响。因此，原路面要求有充足的结构强度。

研究表明，沥青老化到 25℃针入度（0.1mm）低于 20 后，通过就地热再生工艺较难有效恢复沥青指标，因此提出了原路面沥青针入度的要求。

此外，当原路面贫油时，路面加热将变得十分困难，因此结合经验提出了原路面沥青含量不低于 3.8% 的要求。

4.2.4 稀浆封层、微表处、薄层罩面、碎石封层路面再生设计采用就地热再生方式时，混合料的级配、加热温度应满足混合料性能及施工工艺要求。当不能满足混合料性能及施工工艺要求时，应将上述材料层铣刨后再进行就地热再生。

条文说明

原路面上铺有稀浆封层、微表处、薄层罩面、碎石封层时，采用就地热再生时主要可能会出现两个问题：一是再生沥青混合料的级配难以调整到良好级配范围；二是再生时路面加热困难，从而影响再生工程质量。

4.2.5 采用就地冷再生方式时，路面技术状况宜满足表4.2.5的要求。

表4.2.5 就地冷再生方式适用的路面技术状况

指　　标	技术要求
路面结构强度指数PSSI	≥80
路面损坏状况指数PCI	≤90
路面病害波及范围	主要集中在再生深度范围内
下承层强度	满足设计要求

4.2.6 采用全深式冷再生方式时，路面技术状况宜满足表4.2.6的要求。

表4.2.6 全深式冷再生方式适用的路面技术状况

指　　标	技术要求
路面结构强度指数PSSI	≥70
路面损坏状况指数PCI	≤85
路面病害波及范围	主要集中在再生深度范围内
下承层强度	满足设计要求

4.2.7 采用冷再生方式时，再生结合料类型的选择应符合下列规定：

1　沥青混合料回收料（RAP）应使用乳化沥青或泡沫沥青作为再生结合料并添加适量水泥，不宜单独使用水泥、石灰进行再生。

2　无机回收料（RAI）可单独使用水泥、石灰进行再生，也可使用乳化沥青或泡沫沥青作为再生结合料并添加一定比例的水泥进行再生。

3　沥青路面回收料中同时含有沥青混合料回收料（RAP）和无机回收料（RAI）情况下，宜使用乳化沥青或泡沫沥青作为再生结合料并添加适量水泥。如仅采用水泥或石灰作为再生结合料，沥青混合料回收料（RAP）在沥青路面回收料中的占比宜小于40%。

4.3 结构组合与结构厚度

4.3.1 采用就地热再生方式时，采用一级加热翻松工艺的就地热再生深度宜为20~60mm。再生深度超过60mm时，应采用二级加热翻松工艺。

条文说明

目前就地热再生设备多采用一级加热翻松工艺。为提高就地热再生的再生深度，出现了双层再生、多步法再生等二级加热翻松工艺，即在一级加热翻松后再对下承层进行二级加热和翻松，从而使再生深度增加。

4.3.2 采用厂拌热再生方式时，再生层厚度及路面结构组合应符合现行《公路沥青路面设计规范》（JTG D50）中对应级配类型沥青混合料的有关规定。

4.3.3 采用厂拌冷再生、就地冷再生、全深式冷再生方式时，可按表4.3.3初步拟定路面结构厚度，并应根据现行《公路沥青路面设计规范》（JTG D50）的有关规定进行分析设计。

表4.3.3 沥青路面冷再生结构组合与厚度

交通荷载等级	沥青面层		冷再生层厚度（mm）	下承层
	推荐厚度（mm）	最小厚度（mm）		
特重、极重	150～220	120	≥120	下承层结构强度应满足路面基层或底基层设计要求
重	120～180	100	≥100	
中	60～120	50	≥80 （≥160）	
轻	≥30或者采用微表处、稀浆封层、碎石封层等磨耗层		≥80 （≥160）	

注：1. 表中冷再生层厚度中，括号内数字是无机结合料冷再生材料层的厚度，其他为沥青冷再生材料层的厚度。
2. 下承层结构强度不满足要求的可采用水泥或石灰稳定冷再生进行处治，处治层厚度宜为140～200mm。
3. 对于重及以上交通荷载等级的公路，沥青面层宜采取技术措施提高抗车辙能力。

条文说明

表4.3.3所列是基于我国已有工程经验，在通常采用的厚度范围内推荐的初拟结构组合，可以采用的结构形式远不止表中所列内容。例如，对于特重交通荷载等级，冷再生层也可以采用100mm厚度，沥青面层相应加厚即可。

目前我国高速公路上使用的乳化沥青或泡沫沥青厂拌冷再生典型的路面结构形式是：厚度120～180mm的厂拌冷再生层，厚度100～160mm的沥青罩面层。此外，部分省份的国省干线公路上的典型冷再生路面结构形式是：厚度100～150mm的厂拌冷再生层，厚度50～100mm的沥青罩面层。

4.3.4 冷再生层厚度设计时应考虑可压实性，并应符合下列规定：

1 单层压实厚度不宜大于200mm。单层冷再生混合料压实厚度大于200mm时，应检验并论证其压实效果是否满足要求。

2 采用泡沫沥青或乳化沥青时，厂拌冷再生、就地冷再生的单层冷再生混合料压实厚度不宜小于80mm，全深式冷再生的单层冷再生混合料压实厚度不宜小于100mm。

3 单独采用无机结合料的冷再生方式时，单层冷再生混合料压实厚度不宜小于160mm。

条文说明

对于乳化沥青或者泡沫沥青作为再生结合料的厂拌冷再生混合料，目前压实机具完全可以满足单层200mm的压实需要。结合工程实践，厂拌冷再生混合料的压实需要注重层位底部混合料的压实，有的工程现场实测数据反映出层厚超过160mm后，压实层上下部的压实度存在较明显差异，空隙率差值最大接近4%，需引起重视。

厂拌冷再生混合料的压实厚度过薄将难以形成结构强度，结合工程实践将压实厚度下限提高为80mm。目前在二级以下公路的冷再生工程中也存在设计压实厚度60～70mm的情况，但是由于工程实际中下承层高程的不均匀性等原因，使得个别点部位会出现实际压实厚度进一步减小的情况，压实有时难以保证，成为工程质量的薄弱环节。

5 材料

5.1 沥青

5.1.1 再生混合料使用的道路石油沥青、改性沥青，应符合现行《公路沥青路面施工技术规范》（JTG F40）的有关规定。

5.1.2 再生混合料使用的乳化沥青、泡沫沥青，其生产所用的道路石油沥青应符合现行《公路沥青路面施工技术规范》（JTG F40）的有关规定。

5.2 乳化沥青

5.2.1 冷再生用乳化沥青性能应满足表5.2.1的技术要求。

表5.2.1 冷再生用乳化沥青技术要求

试验项目		单位	质量要求	试验方法
破乳速度		—	慢裂或中裂	T0658
粒子电荷		—	阳离子（+）	T0653
筛上残留物（1.18mm筛）		%	≤0.1	T0652
黏度[a]	恩格拉黏度计法 E_{25}	—	2~30	T0622
	25℃赛波特黏度 V_s	s	7~100	T0623
蒸发残留物	残留物含量	%	≥60	T0651
	溶解度	%	≥97.5	T0607
	针入度（25℃）	0.1mm	50~130	T0604
	延度（15℃）	cm	≥40	T0605
与粗集料的黏附性，裹覆面积		—	≥2/3	T0654
与粗、细粒式集料拌和试验		—	均匀	T0659
常温储存稳定性	1d	%	≤1	T0655
	5d		≤5	

注：[a] 恩格拉黏度和赛波特黏度指标任选其一检测，有争议时以赛波特黏度为准。

条文说明

根据我国应用的乳化沥青实际情况，将乳化沥青蒸发残留物25℃针入度的技术要求调整为50～130（0.1mm）。蒸发残留物含量指标，根据工程应用情况由08规范的不低于62%调整为不低于60%。

5.2.2 厂拌冷再生宜采用慢裂型阳离子乳化沥青；就地冷再生、全深式冷再生宜采用中裂型或慢裂型阳离子乳化沥青。

5.2.3 乳化沥青使用时的温度不宜高于60℃。

5.3 泡沫沥青

5.3.1 冷再生用泡沫沥青性能应满足表5.3.1的要求。

表5.3.1　泡沫沥青技术要求

项　目	技术要求	试验方法
膨胀率（倍）	≥10	附录C
半衰期（s）	≥8	附录C

5.3.2 当泡沫沥青不满足表5.3.1的要求时，应通过调整发泡温度、发泡水量、发泡气压等改善泡沫沥青膨胀率和半衰期指标，也可在不影响沥青和混合料性能的前提下添加发泡助剂，直至泡沫沥青性能满足要求。

5.4 沥青再生剂

5.4.1 沥青再生剂性能宜满足表5.4.1的要求。

表5.4.1　沥青再生剂技术要求

检验项目	RA-1	RA-5	RA-25	RA-75	RA-250	RA-500	试验方法
60℃黏度（mm^2/s）	50～175	176～900	901～4 500	4 501～12 500	12 501～37 500	37 501～60 000	T0619
闪点（℃）	≥220	≥220	≥220	≥220	≥220	≥220	T0611
饱和分含量（%）	≤30	≤30	≤30	≤30	≤30	≤30	T0618
芳香分含量（%）	实测记录	实测记录	实测记录	实测记录	实测记录	实测记录	T0618
薄膜烘箱试验前后黏度比	≤3	≤3	≤3	≤3	≤3	≤3	T0619
薄膜烘箱试验后质量变化（%）	≤4，≥－4	≤4，≥－4	≤3，≥－3	≤3，≥－3	≤3，≥－3	≤3，≥－3	T0609或T0610
15℃密度（g/cm^3）	实测记录	实测记录	实测记录	实测记录	实测记录	实测记录	T0603

注：薄膜烘箱试验前后黏度比＝试样薄膜烘箱试验后黏度/试样薄膜烘箱试验前黏度。

5.4.2 应根据沥青混合料回收料（RAP）中沥青老化程度、沥青含量、RAP掺配比例、再生剂与沥青的配伍性、再生沥青的耐老化性能等，经试验确定适宜的沥青再生剂。

条文说明

满足表5.4.1中某一型号技术要求的不同品质的沥青再生剂，其对某一沥青、某一RAP的再生效果可能存在很大差异。一种沥青再生剂满足表5.4.1所示的沥青再生剂标准，只是说明它作为产品是合格的，并不能说明其适合某一工程的技术需求，需通过沥青再生剂与RAP沥青的试验对其工程适用性进行判断。

沥青再生剂与沥青的配伍性主要包括沥青再生剂对沥青的再生效果、沥青再生剂与沥青的融合性、再生沥青的稳定性、沥青再生剂对再生混合料的性能改善效果等。

此外，再生沥青的耐老化性能也十分重要。沥青再生剂产品质量不过关，会造成部分再生沥青的耐老化性能不佳，在热拌沥青混合料生产、施工过程中受到短期老化后沥青再生效果损失严重。

5.4.3 沥青再生剂应储存在密闭的容器中。

5.5 集料

5.5.1 粗、细集料质量应符合现行《公路沥青路面施工技术规范》（JTG F40）的有关规定。

5.5.2 热再生应用时，当RAP中集料质量不符合现行《公路沥青路面施工技术规范》（JTG F40）的有关规定时，应通过调整RAP掺配比例使新旧集料混合后的集料质量符合有关规定。

5.6 水泥、石灰、矿粉

5.6.1 水泥作为再生结合料或者活性添加剂时，可采用普通硅酸盐水泥、矿渣硅酸盐水泥等，不应使用快硬水泥、早强水泥。水泥强度等级宜为32.5或42.5，其技术指标应符合相应国家标准的有关要求。

5.6.2 石灰的技术指标应符合现行《公路路面基层施工技术细则》（JTG/T F20）的有关规定。

5.6.3 矿粉的技术指标应符合现行《公路沥青路面施工技术规范》（JTG F40）的有关规定。

5.7 水

5.7.1 饮用水可直接用于生产乳化沥青、泡沫沥青及冷再生混合料。

5.7.2 非饮用水用于生产乳化沥青、泡沫沥青及冷再生混合料时，不应含有油污、泥土和其他有害杂质，且应经试验验证不影响产品性能和工程质量。

5.8 沥青混合料回收料（RAP）

5.8.1 再生混合料设计时，宜按表5.8.1测试沥青混合料回收料（RAP）技术指标。

表5.8.1 RAP技术指标

材　　料	检 测 项 目	试 验 方 法
沥青混合料回收料（RAP）	含水率	附录B
	RAP矿料级配	
	沥青含量	
	砂当量	
RAP中的沥青[a]	25℃针入度	抽提，现行《公路工程沥青及沥青混合料试验规程》（JTG E20）
	60℃动力黏度	
	软化点	
	15℃延度	
RAP中的粗集料	针片状颗粒含量	抽提[b]，现行《公路工程集料试验规程》（JTG E42）
	压碎值	
RAP中的细集料	棱角性	

注：[a]用于三、四级公路或者是用于底基层的冷再生，RAP中的沥青和粗细集料指标可不做检测。
[b]对于燃烧法不会对石质产生破坏的材料，可用燃烧法替代抽提法获得粗细集料用于检测。

5.8.2 沥青混合料回收料（RAP）应满足表5.8.2所示的技术要求。

表5.8.2 RAP技术要求

再 生 类 型	材　　料	检 测 项 目	技 术 要 求	试 验 方 法
厂拌热再生，预处理后的RAP	RAP	含水率（%）	≤3	附录B
		最大颗粒粒径（mm）	≤26.5	
	4.75mm以下的RAP	砂当量（%）	≥60	附录B
	RAP中的粗集料	针片状颗粒含量（%）	≤15	T0312
		最大颗粒粒径（mm）	≤设计级配允许的最大粒径	附录B

续表 5.8.2

再生类型	材料	检测项目	技术要求	试验方法
厂拌热再生，预处理后的 RAP	RAP 中的沥青	25℃针入度（0.1mm）	≥10	T0726 或 T0727 回收沥青，然后按 T0604 试验
就地热再生	再生厚度范围内 RAP	沥青含量（%）	≥3.8	T0722 或 T0735
	再生厚度范围内 RAP 中的沥青	25℃针入度（0.1mm）	≥20	T0726 或 T0727 回收沥青，然后按 T0604 试验
	再生厚度范围内 RAP 中的矿料	最大颗粒粒径（mm）	≤设计级配允许的最大粒径	附录 B
厂拌冷再生，预处理后的 RAP	RAP	最大颗粒粒径（mm）	≤设计级配允许的最大粒径	附录 B
	4.75mm 以下的 RAP	砂当量（%）	≥50	

条文说明

水的比热容为 4 182J/(kg·℃)，是沥青的 2.5 倍，是石料的 5 倍多，而且水的汽化热为 2 260kJ/kg，使水在其沸点（100℃）蒸发为水蒸气所需要的热量 5 倍于把等量水从 1℃加热到 100℃所需要的热量，因此含水率高的 RAP 将严重影响再生混合料的拌和。为保证材料的有效加热、提高生产效率，提出了 RAP 含水率指标要求。

5.9 无机回收料（RAI）

5.9.1 再生混合料设计时，应测试无机回收料（RAI）的含水率和级配。

5.9.2 无机回收料（RAI）应满足表 5.9.2 所示的技术要求。

表 5.9.2 RAI 技术要求

检测项目	技术要求	试验方法
含水率（%）	≤3	T0103
最大粒径（mm）	≤37.5	T0115
不均匀系数 C_u	≥5	T0115
塑性指数 I_P	≤17	T0118

6 再生混合料组成设计

6.1 厂拌热再生混合料

6.1.1 厂拌热再生混合料类型、矿料级配应符合现行《公路沥青路面施工技术规范》（JTG F40）的有关规定。

6.1.2 厂拌热再生混合料应按本规范附录D的设计方法进行设计，其性能应符合现行《公路沥青路面施工技术规范》（JTG F40）中相应热拌沥青混合料类型的技术要求。

条文说明

国际上对厂拌热再生沥青混合料的设计有多种方法。目前国内个别省份已较普遍采用Superpave等设计方法，但是绝大多数省份还是主要采用马歇尔设计方法，本规范也是采用了马歇尔设计方法。

对于有条件的地区和项目，鼓励采用国外先进设计方法进行厂拌热再生混合料设计，并提出相应的技术指标要求。

6.1.3 沥青混合料回收料（RAP）中的沥青与新添加沥青的类型不一致的情况下，当厂拌热再生混合料的性能达到改性沥青混合料水平时，可将其作为改性沥青混合料使用，否则将其作为普通沥青混合料使用。

6.2 就地热再生混合料

6.2.1 就地热再生混合料应按本规范附录E进行设计。

6.2.2 就地热再生混合料矿料级配、技术要求和性能检验，应符合现行《公路沥青路面施工技术规范》（JTG F40）中相应热拌沥青混合料类型的技术要求。

条文说明

就地热再生混合料中，新添加沥青往往要少于RAP所含旧沥青。因此，在判断结合料类型时一般以原路面结合料类型为准。

6.3 乳化沥青冷再生混合料

6.3.1 乳化沥青冷再生混合料应按本规范附录F进行设计。

6.3.2 乳化沥青冷再生混合料的级配范围应满足表6.3.2的要求。

表6.3.2 乳化沥青冷再生混合料级配范围

筛孔（mm）	各筛孔的通过率（%）			
	粗粒式	中粒式	细粒式A	细粒式B
37.5	100	—	—	—
26.5	80~100	100	—	—
19	—	90~100	100	—
13.2	60~80	—	90~100	100
9.5	—	60~80	60~80	90~100
4.75	25~60	35~65	45~75	60~80
2.36	15~45	20~50	25~55	35~65
0.3	3~20	3~21	6~25	6~25
0.075	1~7	2~8	2~9	2~10

条文说明

本规范中乳化沥青冷再生混合料级配范围较宽，这既是为了我国不同地区的工程应用需要，也是为了考虑厂拌及就地两种冷再生方式。具体工程项目需在此范围内根据工程实际确定工程设计级配范围。

我国不少地区和项目对08规范的级配进行了优化，收窄级配范围，增加筛孔要求，对厂拌乳化沥青冷再生混合料级配进行了很有价值的探索，并在工程中成功应用。表6-1是部分工程在《公路沥青路面施工技术规范》（JTG F40—2004）AC-20和AC-25矿料级配范围的基础上调整形成的矿料级配范围。

表6-1 我国部分项目的厂拌乳化沥青冷再生混合料级配范围

级配类型	通过以下筛孔（mm）的质量百分率（%）												
	31.5	26.5	19.0	16.0	13.2	9.5	4.75	2.36	1.18	0.6	0.3	0.15	0.075
粗粒式	100	90~100	70~90	60~80	55~75	45~65	24~55	20~45	12~30	10~25	5~17	4~15	3~9
中粒式	—	100	90~100	70~90	60~85	50~75	26~60	20~45	12~32	10~26	5~18	4~15	4~10

6.3.3 乳化沥青冷再生混合料用作柔性基层时，宜采用粗粒式级配；用作中、下面层时，宜采用粗粒式或者中粒式级配；用于轻交通荷载等级公路时，可采用细粒式级配。

6.3.4 根据级配类型和 RAP 级配，宜在乳化沥青冷再生混合料中添加一定比例的粗集料。

6.3.5 乳化沥青冷再生混合料设计指标应满足表 6.3.5 的要求。

表 6.3.5 乳化沥青冷再生混合料设计技术要求

试验项目			技术要求		试验方法
马歇尔试件尺寸（mm）		中、细粒式	ϕ101.6×63.5		附录 F
		粗粒式	ϕ152.4×95.3		
马歇尔试件双面击实次数[a]（次）		中、细粒式	50+25		
		粗粒式	75+37		
空隙率（%）			8~13		附录 F
劈裂强度试验	15℃劈裂试验强度（MPa）	层位	重及以上交通荷载等级	其他交通荷载等级	附录 F
		面层	≥0.60	≥0.50	
		基层及以下层位	≥0.50	≥0.40	
	干湿劈裂强度比（%）		≥80	≥75	附录 F

注：[a] 按本规范附录 F 分两次击实成型马歇尔试件。

条文说明

08 规范中乳化沥青冷再生混合料的设计要求中提出了马歇尔稳定度试验项目作为可选的设计指标，但是实际工程中该指标起不到控制冷再生混合料质量的作用，在配合比设计过程中极少应用该指标，因此本规范删除了马歇尔稳定度试验项目及技术要求值。另外，根据我国大量成功应用的乳化沥青冷再生混合料的统计情况，为保证冷再生混合料质量，本规范将该混合料的空隙率指标由 08 规范的 9%~14% 调整为 8%~13%。

6.3.6 乳化沥青冷再生混合料设计阶段，应检验其冻融劈裂强度比指标。用于重及以上交通荷载等级的公路中、下面层，或者用于对抗车辙性能有特殊要求的场合时，还应检验乳化沥青冷再生混合料的动稳定度指标。混合料性能应符合表 6.3.6 的要求，否则应更换材料或者重新进行混合料设计。

表 6.3.6 乳化沥青冷再生混合料性能检验指标要求

试验项目	技术要求		试验方法
	重及以上交通荷载等级	其他交通荷载等级	
冻融劈裂强度比 TSR（%）	≥75	≥70	附录 F
60℃动稳定度[a]（次/mm）	≥2 000（中、下面层）	—	T0719

注：[a] 按 T0703 轮碾法成型 80mm 厚（粗粒式）或 50mm 厚（中粒式和细粒式）的冷再生混合料车辙板块试件，碾压完成后迅速将试件放置到 60℃鼓风烘箱中烘干至恒重（一般 48h 左右），再按 T0719 进行动稳定度试验，试验前试件保温时间为 8~10h。

条文说明

冷再生沥青混合料用于沥青面层时，本规范提出了要检验冷再生混合料的动稳定度，同时提出了试验方法。

在实际工程中，存在着无法通过优化施工组织等手段实现冷再生路面完全养生的情况，为避免早期开放交通对冷再生层的不利影响，可以在冷再生混合料设计阶段考虑其早期强度问题。研究表明，通过材料配方和混合料配合比的优化、添加剂的合理选择等措施，可以提高冷再生混合料抗磨耗、抗松散的能力，实现冷再生混合料早开放交通、快开放交通的目的。

6.3.7 乳化沥青冷再生混合料中，乳化沥青蒸发残留物占混合料其余部分干质量的百分比宜为1.8%～3.5%。

6.3.8 乳化沥青冷再生混合料设计过程中，应严格控制水泥用量。水泥用量不宜超过1.5%，不应超过1.8%。

条文说明

水泥对于提高冷再生混合料早期强度、水稳定性等具有积极作用，但是水泥用量过大会给混合料性能带来负面影响。

6.4 泡沫沥青冷再生混合料

6.4.1 泡沫沥青冷再生混合料应按本规范附录F进行设计。

6.4.2 泡沫沥青冷再生混合料级配范围应满足表6.4.2的要求。

表6.4.2 泡沫沥青冷再生混合料级配范围

筛孔（mm）	各筛孔的通过率（%）		
	粗粒式	中粒式	细粒式
37.5	100	—	—
26.5	85～100	100	—
19	—	85～100	100
13.2	60～85	—	85～100
9.5	—	55～80	—
4.75	30～55	35～60	40～65
2.36	20～40	25～45	28～45
0.3	7～20	8～22	9～23
0.075	4～12	4～12	4～12

条文说明

在国内大量已有工程经验并参考国外相关标准的基础上，将泡沫沥青冷再生混合料的设计级配范围进行了调整，主要是调低了0.075mm筛孔通过率的上限。本次修订的级配范围中值要比08规范对应的级配范围中值曲线下移并收窄了级配范围。

6.4.3 泡沫沥青冷再生混合料用作柔性基层时，宜采用粗粒式级配；用作中、下面层时，宜采用粗粒式或者中粒式级配；用于轻交通荷载等级公路时，可采用细粒式级配。

6.4.4 宜根据级配类型和RAP级配，在泡沫沥青冷再生混合料中添加一定比例4.75mm以下的新集料。

6.4.5 泡沫沥青冷再生混合料设计指标应满足表6.4.5的技术要求。

表6.4.5 泡沫沥青冷再生混合料设计技术要求

<table>
<tr><th colspan="3">试验项目</th><th colspan="2">技术要求</th><th>试验方法</th></tr>
<tr><td colspan="2" rowspan="2">马歇尔试件尺寸
(mm)</td><td>中、细粒式</td><td colspan="2">φ101.6×63.5</td><td rowspan="4">T0702</td></tr>
<tr><td>粗粒式</td><td colspan="2">φ152.4×95.3</td></tr>
<tr><td colspan="2" rowspan="2">马歇尔试件双面击实次数
(次)</td><td>中、细粒式</td><td colspan="2">75</td></tr>
<tr><td>粗粒式</td><td colspan="2">112</td></tr>
<tr><td rowspan="4">劈裂
强度
试验</td><td rowspan="3">15℃劈裂试验强度
(MPa)</td><td>层位</td><td>重及以上
交通荷载等级</td><td>其他交通
荷载等级</td><td rowspan="3">附录F</td></tr>
<tr><td>面层</td><td>≥0.60</td><td>≥0.50</td></tr>
<tr><td>基层及以下层位</td><td>≥0.50</td><td>≥0.40</td></tr>
<tr><td colspan="2">干湿劈裂强度比(%)</td><td>≥80</td><td>≥75</td><td>附录F</td></tr>
</table>

6.4.6 泡沫沥青冷再生混合料设计阶段，应检验其冻融劈裂强度比指标。用于重及以上交通荷载等级的公路中、下面层，或者用于对抗车辙性能有特殊要求的场合时，还应检验泡沫沥青冷再生混合料的动稳定度指标。混合料性能应符合表6.4.6的要求，否则应更换材料或者重新进行混合料设计。

表6.4.6 泡沫沥青冷再生混合料性能检验指标要求

试验项目	技术要求		试验方法
	重及以上交通荷载等级	其他交通荷载等级	
冻融劈裂强度比TSR(%)	≥75	≥70	附录F
60℃动稳定度[a](次/mm)	≥2 000(面层)	—	T0719

注：[a] 按T0703轮碾法成型80mm厚（粗粒式）或50mm厚（中粒式和细粒式）的冷再生混合料车辙板块试件，碾压完成后迅速将试件放置到60℃鼓风烘箱中烘干至恒重（一般48h左右），再按T0719进行动稳定度试验，试验前试件保温时间为8～10h。

6.4.7 泡沫沥青冷再生混合料中，泡沫沥青用量宜在1.8%～3.5%范围内。当泡沫沥青用于全深式冷再生时，泡沫沥青用量不宜低于2.0%。

6.4.8 泡沫沥青冷再生混合料设计过程中，应严格控制水泥用量。水泥用量不宜超过1.5%，不应超过1.8%。

6.5 无机结合料冷再生混合料

6.5.1 使用水泥作为再生结合料的冷再生混合料用于重及以上交通荷载等级公路的基层和底基层时，再生混合料级配应满足表6.5.1中Ⅰ型级配范围要求；其他情况下，再生混合料级配应满足表6.5.1中Ⅱ型级配范围要求。

表6.5.1 无机结合料冷再生混合料级配范围

筛孔尺寸（mm）	通过各筛孔的质量百分率（%）	
	Ⅰ型	Ⅱ型
37.5	—	90～100
31.5	100	—
26.5	90～100	66～100
19	72～89	54～100
9.5	47～67	39～100
4.75	29～49	28～84
2.36	17～35	20～70
1.18	—	14～57
0.6	8～22	8～47
0.075	0～7	0～30

6.5.2 无机结合料冷再生混合料配合比设计宜按现行《公路路面基层施工技术细则》（JTG/T F20）的有关规定执行。

6.5.3 经配合比设计确定的无机结合料冷再生混合料，其性能应满足表6.5.3-1、表6.5.3-2的技术要求。

表6.5.3-1 水泥冷再生混合料技术要求

交通荷载等级		极重、特重	重	中、轻
7d龄期无侧限抗压强度（MPa）	基层	4.0～6.0	3.0～5.0	2.0～4.0
	底基层	2.5～4.5	2.0～4.0	1.0～3.0

表 6.5.3-2　石灰冷再生混合料技术要求

交通荷载等级		重及以上	中、轻
7d 龄期无侧限抗压强度（MPa）	基层	—	≥0.8
	底基层	≥0.8	0.5～0.7

7 厂拌热再生施工

7.1 设备要求

7.1.1 厂拌热再生混合料生产设备应符合现行《公路沥青路面施工技术规范》（JTG F40）的有关规定，并应满足下列要求：

1 应配备不少于2个沥青混合料回收料（RAP）冷料仓。

2 应配备独立的沥青混合料回收料（RAP）加热滚筒，RAP加热滚筒出料口应安装测温装置，温度测量精度宜不低于±3℃。

3 应配备独立的沥青混合料回收料（RAP）热料暂存仓，热料暂存仓应具有加热保温功能并宜具有料位检测装置。

4 应配备沥青混合料回收料（RAP）配料装置和计量装置，静态计量精度宜不低于±0.5%。

5 RAP供给系统的供料能力、燃烧器的供热能力、RAP加热滚筒的生产能力应满足设备最大生产能力的要求。

6 加热装置应确保沥青混合料回收料（RAP）不与火焰直接接触。

7 RAP加热滚筒内应设置避免RAP黏附滚筒内壁的专门装置。

8 应根据需要配备沥青再生剂的储存、计量、喷洒装置，再生剂静态计量精度宜不低于±0.3%。

条文说明

厂拌热再生混合料既可以使用间歇式拌和设备也可以采用连续式拌和设备生产，但是目前连续式拌和设备在我国很少使用，本规范规定了使用间歇式拌和设备的要求。

当RAP掺加比例小于10%时，可不需要独立的RAP加热滚筒和热料暂存仓，常温的RAP可直接进入到拌和锅中与热集料、热沥青等拌和生产厂拌热再生沥青混合料。

对于RAP与新集料一起进入加热滚筒的厂拌热再生设备，需要对加热滚筒进行专门设计，避免RAP过度老化等不利情况发生，经过充分论证后使用。

加热RAP料所产生的烟气中含有大量的表面包裹沥青的黏性微粒径颗粒，如果拌和设备可将加热RAP的尾气引入新集料的加热滚筒进行二次燃烧，将有利于减少废气排放和除尘滤袋的堵塞。

7.1.2 摊铺设备、压实设备等应符合现行《公路沥青路面施工技术规范》（JTG F40）的有关规定。

7.2 施工准备

7.2.1 施工前应配备满足施工要求的厂拌热再生拌和设备、摊铺机、压路机、运料车等生产施工设备，并保证其处于良好的工作状态。

7.2.2 施工前应储备足够数量的、满足要求的粗细集料、沥青、沥青再生剂（必要时）、矿粉、预处理后的沥青混合料回收料（RAP）等所需的各类材料。

7.2.3 施工前应检查下承层。下承层应密实平整，强度应符合设计要求，病害应进行处治。

7.2.4 正式施工前应按现行《公路沥青路面施工技术规范》（JTG F40）的有关规定铺筑试验段。

7.3 沥青混合料回收料（RAP）的回收、预处理和堆放

7.3.1 在沥青混合料回收料（RAP）回收阶段，应采取下列措施严格控制 RAP 变异性：

1 在对旧路面状况充分调查、收集旧路面原始资料以及修补、养护记录的基础上，对不同路况路段分段铣刨。

2 施工过程中铣刨速度、铣刨深度等工艺参数应保持稳定。

3 记录不同的 RAP 材料的信息。

条文说明

当前工程实际中，铣刨作业一般不会考虑再生的需要，往往对铣刨参数控制不够严格，造成 RAP 变异性偏大。为提高 RAP 掺量和保证再生混合料性能，要求严格控制铣刨参数。

7.3.2 获取沥青混合料回收料（RAP）时不得混入杂物。

7.3.3 沥青混合料回收料（RAP）进厂应进行检验。

7.3.4 沥青混合料回收料（RAP）在使用前应进行破碎、筛分等预处理，并应符合下列规定：

1　不同料源、品种、规格的 RAP 宜分开进行预处理。

2　对于粒径超过 26.5mm 的 RAP、聚团的 RAP，应使用破碎机进行破碎。

3　应根据再生混合料的最大公称粒径合理选择筛网尺寸，将破碎后的沥青混合料回收料（RAP）筛分成不少于 2 档。

条文说明

不同料源、品种、规格分开进行预处理有困难时，可以使用推土机、装载机等机具将不同的 RAP 均匀混合。均匀混合后的 RAP 可以作为同一材料进行后续预处理。

有的地区采用转子离心式破碎机对沥青混合料回收料进行破碎，它可以将 RAP 分离为沥青含量很少的粗料和沥青含量富集的细料，取得较好效果。

RAP 细料对厂拌热再生的性能有较大影响。目前工程实践中一般将 RAP 分成 2 档，为严格控制材料变异性，有条件时可以将 RAP 筛分成 3 档。

7.3.5　预处理后的沥青混合料回收料（RAP），应根据不同料源、品种、规格分隔堆放，分别设立清晰的材料标识牌。

条文说明

由于 RAP 材料的进厂与热拌再生沥青混合料的使用可能存在较大时间差，因此储存场地要预留有足够的场地。根据日本沥青协会调查结果，沥青混合料回收料（RAP）料场的储存面积大多在 2 000 ~ 3 000m^2 范围内。

7.3.6　预处理后的沥青混合料回收料（RAP）在堆放时应将其沿水平方向摊开，逐层堆放。

7.3.7　预处理后的沥青混合料回收料（RAP）不宜长期存放，应避免离析、结团。

条文说明

RAP 应遵循“即处理即用”的原则，避免重新结块。沥青混合料回收料（RAP）只有在要生产混合料时才投进冷料斗中。如果在筒仓或料斗中提前储存太多 RAP，它在气温高的时候会在自重作用下固结聚团、成块，造成堵塞，因此要避免长时间储存。

7.4　拌和

7.4.1　再生混合料的拌和时间应根据具体情况经试拌确定，拌和的混合料应均匀、无花白料。干拌时间宜比普通热拌沥青混合料延长 5 ~ 10s，总拌和时间宜比普通热拌沥青混合料延长 10 ~ 30s。各阶段拌和时间宜在表 7.4.1 规定的范围内。

表 7.4.1 厂拌热再生沥青混合料拌和时间

项目	RAP	再生剂	新集料	新沥青	矿粉
拌和时间（s）	10～15		10～15	15～20	20～25
总拌和时间（s）	55～75				

7.4.2 再生混合料的生产温度应符合下列规定：

1 拌和时应适当提高新集料的加热温度，但最高不宜超过200℃。

2 沥青混合料回收料（RAP）加热温度不宜低于110℃，不宜超过130℃。

3 再生混合料出料温度应比相应类型的热拌沥青混合料高5～10℃。

条文说明

厂拌热再生沥青混合料的生产温度以不加剧沥青混合料回收料（RAP）的再老化、提高生产能力、降低能耗并生产出均匀稳定的沥青混合料为原则，可根据拌和设备的加热干燥能力、沥青混合料回收料（RAP）含水率、再生沥青混合料的级配、再生沥青的黏温曲线等综合确定。

工程经验表明，厂拌热再生混合料采用温拌工艺生产可以适当降低再生混合料的出料温度。

7.4.3 拌和过程中应避免沥青混合料回收料（RAP）过热或加热不足的情况。RAP过热、碳化时，应予废弃。

7.4.4 再生混合料拌和的其他要求，应符合现行《公路沥青路面施工技术规范》（JTG F40）对热拌沥青混合料的有关规定。

7.5 运输

7.5.1 应选用载质量15t以上的自卸车运输厂拌热再生沥青混合料，自卸车数量应满足连续摊铺施工需要。

7.5.2 运料车车厢宜做保温处理。运料车运输混合料时可采用苫布、棉被等覆盖保温，卸料过程中宜保持覆盖。

7.5.3 运料车车厢板上不得使用柴油、废机油等作为防止沥青黏结的隔离剂或防黏剂。

7.5.4 再生混合料运输的其他要求，应符合现行《公路沥青路面施工技术规范》

（JTG F40）对热拌沥青混合料路面的有关规定。

7.6 摊铺

7.6.1 再生混合料的摊铺温度宜比相应的热拌沥青混合料摊铺温度提高5～10℃。

7.6.2 再生混合料的松铺系数应由试验段确定。

7.6.3 摊铺机熨平板预热温度应不低于110℃。

7.6.4 再生混合料摊铺的其他要求，应符合现行《公路沥青路面施工技术规范》（JTG F40）对热拌沥青混合料路面的有关规定。

7.7 压实

7.7.1 再生混合料的压实温度宜在现行《公路沥青路面施工技术规范》（JTG F40）规定的对应的热拌沥青混合料压实温度基础上提高5～10℃。

7.7.2 当边缘有挡板、路缘石、未铣刨的路面等支挡时，压路机宜紧靠支挡碾压。当边缘无支挡时，压路机的外侧轮宜伸出边缘100mm以上碾压。

7.7.3 急弯路段宜采取直线式碾压，对压路机碾压不到的缺角位置宜使用小型机具压实。

7.7.4 再生混合料压实的其他要求，应符合现行《公路沥青路面施工技术规范》（JTG F40）对热拌沥青混合料路面的有关规定。

7.8 养生及开放交通

7.8.1 再生路面的养生和开放交通，应符合现行《公路沥青路面施工技术规范》（JTG F40）对热拌沥青混合料路面的有关规定。

7.9 施工质量控制

7.9.1 施工前按批次对预处理后的沥青混合料回收料（RAP）、沥青再生剂进行检验，其性能应符合本规范第5.8.2条和第5.4.1条的规定。

7.9.2 施工过程中对预处理后的沥青混合料回收料（RAP）的质量检验应符合表7.9.2的规定。

表7.9.2 厂拌热再生施工过程中预处理后的RAP检验频度与质量要求

检验项目		检验频度	质量要求或允许偏差		试验方法
			高速公路、一级公路	其他等级公路	
RAP含水率（%）		每个工作日1次	≤3	≤3	附录B
RAP中集料毛体积相对密度		1次/5 000t RAP	实测	实测	T0722，T0304，T0330
RAP中矿料级配	0.075mm筛孔通过率（%）	1次/2 000t RAP	±3	±4	T0722，T0302，T0327
	0.075mm以上筛孔通过率（%）	1次/2 000t RAP	±8	±10	
RAP中沥青	含量（%）	1次/2 000t RAP	±0.5	±0.6	T0722或T0735
	25℃针入度（0.1mm）	1次/5 000t RAP	±6	±8	T0722，T0726，T0604

注：1. 表中的沥青含量、矿料级配、回收沥青技术指标等允许偏差均是与再生沥青混合料配合比设计时采用的沥青混合料回收料的技术指标相比较的允许偏差。
2. 表列内容是在材料进场时已按“批”进行全面检验的基础上，日常施工过程中质量检验的项目与要求。

7.9.3 再生路面施工质量标准与控制的其他要求，应符合现行《公路沥青路面施工技术规范》（JTG F40）对热拌沥青混合料路面的有关规定。

8 就地热再生施工

8.1 设备要求

8.1.1 预热机应满足下列要求：

1 应能够连续地将一定深度范围内的沥青路面预热到规定温度。

2 应具备加热能力自动控制功能，宜能及时显示加热温度。

3 宜具备行驶速度控制、显示功能。

4 正常工作时产生的沥青烟尘浓度应满足环保要求。

5 不宜采用明火加热方式。

8.1.2 再生复拌机应满足下列要求：

1 应具备对路面加热、翻松、添加沥青再生剂、添加沥青混合料、摊铺等功能。

2 翻松装置应带有深度自动控制系统，翻松深度应不超过设定值 ±3mm。

3 再生剂喷洒装置应与再生行走速度联动并可准确计量，喷洒计量精度宜不低于 ±2%。

4 沥青混合料添加系统应具有控制和计量装置。

5 加铺再生时，再生复拌机应具有双熨平板。

条文说明

为进一步保证再生翻松后路面旧料加热、拌和的均匀性，有些就地热再生设备上增添了路面旧料翻松后集拢、摊平、加热等一项或多项功能。

8.2 施工准备

8.2.1 施工前应配备满足施工要求的预热机、再生复拌机、压路机等生产施工设备，并检查其处于良好的工作状态。

8.2.2 施工前应做好技术、材料、设备、人员、交通组织、后勤保障等各方面的准备工作。

8.2.3 施工前应进行现场周边环境调查，对可能受到影响的植物隔离带、树木、加油站等提前采取防护措施。

8.2.4 施工前应对就地热再生无法修复的路面病害进行预处理，并应符合下列规定：

1 破损松散类病害的深度超过就地热再生施工深度时，应予挖补。

2 根据再生设备的不同，深度为30~50mm的变形类病害，再生前应进行铣刨处理。

3 影响热再生工程质量的路面裂缝应预先处理。

8.2.5 原路面特殊部位的预处理应满足下列要求：

1 采用铣刨机沿行车方向将伸缩缝和井盖后端铣刨2~5m，前端铣刨1~2m，铣刨深度30~50mm，再生施工时应采用新沥青混合料或再生沥青混合料铺筑。

2 原路面上的标线、突起路标、灌缝胶等应清除。

3 桥梁伸缩装置应采用隔热板进行保护。

8.2.6 正式施工前应铺筑试验段，长度不宜小于200m。通过铺筑试验段应完成下列工作内容：

1 检验再生设备的性能是否满足施工需要；

2 确定再生设备加热时间、加热温度及施工速度等施工工艺和参数；

3 验证混合料配合比设计，检验新材料的添加组成和添加量以及最佳沥青用量；

4 检测压实度、渗水系数等性能指标；

5 检验质量控制方案的可行性。

8.2.7 施工前应清扫路面，在路面再生宽度以外画导向线，也可将路面边缘线作为导向线，保证再生施工边缘顺直美观。

8.3 加热、翻松与拌和

8.3.1 路面加热应满足下列要求：

1 原路面应充分加热。不应因加热温度不足造成翻松时集料破损，也不应因加热温度过高造成沥青过度老化。

2 再生机组各设备应保持合理间距，加热机和具备翻松功能的机具最大间距不宜超过2m。

3 原路面加热宽度比翻松宽度每侧应至少宽出200mm。

4 纵缝搭接处，加热宽度应超过搭接边线150~200mm。

8.3.2 路面翻松应满足下列要求：

1 翻松深度应均匀。翻松深度变化时应缓慢渐变。

2　翻松面应有较好的粗糙度。

3　翻松前路表温度，普通沥青路面应不高于185℃，改性沥青路面应不高于200℃。翻松后裸露面的温度，普通沥青路面应高于85℃，改性沥青路面应高于100℃。

条文说明

对翻松后裸露面的温度提出要求，是为了充分加热RAP，避免RAP集料破碎，同时也有利于再生层与下承层的层间黏结。

8.3.3　添加沥青再生剂、新沥青、新沥青混合料等新材料应满足下列要求：

1　新材料的添加量应根据再生沥青混合料配合比设计结果确定。

2　新材料应均匀添加、精确控制。

3　施工过程中应根据再生路段状况适时调整新材料的用量。

8.3.4　再生混合料应拌和均匀，拌和温度应满足要求。

8.4　摊铺

8.4.1　摊铺速度应与加热设备行进速度保持协调一致，宜为1.5～4m/min。摊铺混合料应均匀，无裂纹、离析等现象。

8.4.2　根据再生混合料类型与再生层厚度，调整摊铺时振捣的频率与振幅，提高混合料的初始密实度。

条文说明

提高混合料的初始密实度有助于减少热量散失，保证路面质量。

8.4.3　普通沥青再生混合料摊铺温度不宜低于120℃；改性沥青再生混合料摊铺温度不宜低于130℃；熨平板预热温度不宜低于110℃。

条文说明

本次修订增加了改性沥青路面再生摊铺温度要求。

8.5　压实

8.5.1　应采用试验段确定的碾压工艺压实。

8.5.2 压实应紧跟摊铺机进行。使用双钢轮压路机压实时宜减少喷水，使用轮胎压路机压实时不宜喷水。

8.5.3 对大型机具无法压实的局部部位，应选用小型振动压路机或者振动夯板配合碾压。

8.5.4 就地热再生路面压实的其他要求，应符合现行《公路沥青路面施工技术规范》（JTG F40）对热拌沥青混合料路面的有关规定。

8.6 养生及开放交通

8.6.1 开放交通时路面温度应低于50℃。

8.6.2 再生路面开放交通及其他事项，应符合现行《公路沥青路面施工技术规范》（JTG F40）中对热拌沥青混合料路面的有关规定。

8.7 施工质量控制

8.7.1 施工过程的材料质量检验应符合现行《公路沥青路面施工技术规范》（JTG F40）的有关规定。此外，还应按批次对沥青再生剂进行检验，其质量应满足本规范第5.4节的要求。

8.7.2 添加的新沥青混合料的质量应满足设计要求。

8.7.3 施工过程中的工程质量控制应满足表8.7.3-1、表8.7.3-2的要求。

表8.7.3-1 就地热再生混合料施工过程中的质量控制标准

检验项目		检验频度	质量要求或允许偏差	试验方法
混合料外观		随时	应均匀、无离析、无花白料、无油团	目测
新沥青混合料、沥青再生剂、沥青用量		随时	适时调整，总量控制	每天计算
再生混合料级配（%）	0.075mm	每个工作日1～2次	±2	T0725或T0735，与设计级配之差
	≤2.36mm		±5（高速公路、一级公路）；±6（其他等级公路）	
	≥4.75mm		±6（高速公路、一级公路）；±7（其他等级公路）	
再生混合料沥青含量（%）		每个工作日1～2次	设计值±0.3	T0722或T0735

续表 8.7.3-1

检 验 项 目	检 验 频 度	质量要求或允许偏差	试 验 方 法
马歇尔试验：空隙率、稳定度、流值	每个工作日 1 次	符合本规范要求	T0702，T0709，本规范附录 E
浸水马歇尔试验	必要时	符合本规范要求	T0702，T0709
车辙动稳定度试验	每周 1～2 次	符合本规范要求	T0719

表 8.7.3-2 就地热再生施工过程中的质量控制标准

检 验 项 目	检 验 频 度	质量要求或允许偏差	试 验 方 法
外观	随时	表面平整密实，无明显轮迹、裂痕、推挤、油包、离析等缺陷	目测
纵、横接缝高差（mm）	每 200m 测 1 处	≤3	3m 直尺间隙
翻松裸露面温度（℃）	随时	≥85（普通沥青）；≥100（改性沥青）	紧跟铣刨刀头测量
再生混合料摊铺温度（℃）	随时	≥120（普通沥青）；≥130（改性沥青）	温度计测量
再生厚度（mm）	每 1 500m^2 检验 1 处	－1，＋5（基于设计厚度）	T0912
加铺厚度（mm）	每 1 500m^2 检验 1 处	－1，＋5（基于设计厚度）	T0912
宽度（mm）	每 100m 检验 1 次	≥设计宽度	T0911
压实度（%）	每 1 500m^2 检验 1 组	≥93（基于理论最大相对密度）	T0924，JTG F40—2004 附录 E
平整度（标准差）（mm）	全线连续	≤1.5（高速公路、一级公路）；≤2.5（其他等级公路）	T0932：全程每车道施工段连续，按每 100m 施工段计算标准差
渗水系数（mL/min）	每 1 500m^2 检验 1 处	符合设计要求	T0971

条文说明

就地热再生与普通沥青混合料路面在施工过程质量控制方面的差异主要有：

（1）新材料添加的控制是通过总量控制完成，即一天完成的方量所需的新材料总量要和实际所用的新材料总量相当，且要根据路面状况微调。例如路面老化相对不是很严重的路段，再生剂的添加量可以适当降低，但要以试验室数据为准。目前，对于部分新材料，例如再生剂、新沥青，可以实现精准控制。

（2）渗水系数试验是检验路面压实效果的重要试验，本规范参照现行《公路沥青路面施工技术规范》（JTG F40）对热拌沥青混合料的有关规定制定。

（3）在就地热再生中，路面要在一定温度条件下热翻松，才会减少翻松对原路面集料的破损。而热翻松时，再生层温度表现为不均匀分布，由上而下温度递减，较难对再生层温度进行准确检测。为此，本规范提出检测翻松裸露面温度，以确保热铣刨时再生层的温度。本规范提出的温度控制是长期施工过程中的经验取值。当翻松裸露面温度超过85℃（普通沥青路面）、100℃（改性沥青路面）时，热铣刨对级配的损伤一般控制在5%之内，通过加入新的沥青混合料可以一定程度上弥补这部分集料破损，从而保证工程质量。

（4）再生混合料的级配和沥青含量是热再生沥青混合料的重要指标，显著影响再生沥青混合料的性能，参照现行《公路沥青路面施工技术规范》（JTG F40），提出需要每个工作日至少检验一次。

（5）压实度标准参照现行《公路沥青路面施工技术规范》（JTG F40）执行。

本规范平整度指标由08规范的最大间隙调整为标准差，以便提高检测效率，同时修订了平整度标准。就地热再生作为一种路面养护技术，其施工面是参照原路面进行的，表面的平整度与原路面的平整度有较强的关联性，而绝大多数需要维修的路面，在经过一段时间的运营后，其平整度均比建成时有所下降。本规范提出的对于高速公路和一级公路平整度标准差不大于1.5mm的标准，与新建路面中面层相当。

9 厂拌冷再生施工

9.1 设备要求

9.1.1 拌和设备应满足下列要求：

1 应具备配料装置、输料装置、供水装置、搅拌机等工作装置。冷料仓的数量应满足配合比需要。

2 所有材料均应能够精确计量配料。粗细集料、RAP的配料精度宜不低于±1.5%，水泥、矿粉、乳化沥青或发泡用沥青、水的计量精度宜不低于±1.0%。

3 搅拌机的长度、搅拌叶片布局、水管和沥青管路接入拌缸的顺序等应设计合理，满足均匀搅拌厂拌冷再生混合料的需要。

4 使用泡沫沥青时应配备沥青发泡装置。

9.2 施工准备

9.2.1 施工前应配备满足施工要求的厂拌冷再生拌和设备、摊铺机、压路机、运料车等生产施工设备，并保证其处于良好的工作状态。

9.2.2 施工前应准备足够数量的、满足要求的粗细集料、沥青、矿粉、水泥、预处理后的沥青混合料回收料（RAP）等生产所需的各类材料。

9.2.3 施工前应检查下承层。下承层应密实平整，强度应符合设计要求，病害应进行处治。

9.2.4 正式施工前应铺筑试验段，长度不宜小于200m。通过铺筑试验段应完成下列工作内容：

1 检验再生设备的性能是否满足施工需要；

2 确定施工工艺和参数；

3 验证混合料配合比设计；

4 检测压实度、渗水系数等性能指标；

5 建立设备仪表显示值与实际值的相关关系，检验质量控制方案的可行性。

9.3 沥青路面回收料（RMAP）的回收、预处理和堆放

9.3.1 沥青混合料回收料（RAP）的回收、预处理和堆放宜符合本规范第7.3节的有关要求，分档情况可根据工程实际需要确定。

9.3.2 无机回收料（RAI）的回收、预处理和堆放应符合下列规定：

1 不同料源、品种、规格的无机回收料（RAI）宜分开进行破碎、筛分等预处理。

2 对粒径超过37.5mm的无机回收料（RAI），应使用破碎机进行破碎。

3 根据再生混合料的最大公称粒径合理选择筛网尺寸，应将无机回收料（RAI）筛分成两档或者三档。

4 预处理后的无机回收料（RAI）应分开堆放。

9.4 拌和

9.4.1 生产泡沫沥青冷再生混合料时，沥青温度不应低于设计的沥青发泡温度。生产乳化沥青冷再生混合料时，乳化沥青应无结团、破乳现象，乳化沥青温度不应超过60℃。

9.4.2 拌和时应随时检查各料仓出料口、沥青喷嘴、沥青泵、管道等是否受堵，发现堵塞时应及时清理。

9.4.3 拌和后的冷再生混合料应均匀，无结团成块、流淌等现象。

9.5 运输

9.5.1 混合料应选用载质量15t以上的自卸车运输，自卸车数量应满足连续摊铺施工需要。

9.5.2 拌和好的冷再生混合料应及时运至施工现场完成摊铺和压实。

条文说明

水泥凝结和乳化沥青破乳后仍未完成摊铺压实，将显著影响再生路面性能。一般情况下，从拌和结束到复压完成的时间不应超过水泥的终凝时间。当采用乳化沥青作为再生结合料时，乳化沥青的破乳时间要长于运输时间、等待时间和摊铺时间的总和。

9.5.3 运料车装料时宜前后移动位置，平衡装料，避免混合料离析。

条文说明

冷再生混合料本身离散性就较大，装料时要尽量减少离析，尤其是采用传送带的装料方式。

9.5.4 混合料运输及等待摊铺过程中，宜采用厚苫布等覆盖车厢，避免混合料污染、雨淋、提前硬结。运料车每次使用前后应清扫干净，宜在车厢板上喷涂隔离剂。

条文说明

施工中存在运料车难以将混合料倾倒在摊铺机料斗中的情况，同时水分对压实有很大影响，因此增设本条规定。

9.6 摊铺

9.6.1 混合料宜采用摊铺机摊铺，熨平板不需要加热。用于三级及四级公路时可采用平地机摊铺。

9.6.2 摊铺前应检查摊铺机的刮板输送器、螺旋布料器、振动梁、熨平板、厚度调节器等工作装置和调节机构，确认处于正常工作状态。熨平板振频振幅以高频低幅为宜，初始密实度宜调整至85%以上。

9.6.3 摊铺应均匀、连续，速度宜控制在2～4m/min。应避免明显离析、波浪、裂缝、拖痕等现象。

9.6.4 厂拌冷再生混合料的松铺系数应根据试验段确定。

条文说明

厂拌冷再生混合料松铺系数一般在1.2～1.4之间。

9.6.5 摊铺过程中应随时检查摊铺层厚度、路拱和横坡，发现问题及时调整。

9.7 压实

9.7.1 混合料应采用试验段确定的碾压工艺进行压实。

9.7.2 混合料宜在最佳含水率情况下碾压，避免出现弹簧、松散、起皮等现象。

9.7.3 压路机的碾压速度应均匀，初压速度宜为1.5~3km/h，复压和终压速度宜为2~4km/h。

9.7.4 对大型机具无法压实的局部部位，应选用小型振动压路机或者振动夯板配合碾压。

9.8 养生及开放交通

9.8.1 冷再生层压实结束后应及时养生。

9.8.2 乳化沥青或泡沫沥青冷再生层宜在封闭交通条件下自然养生，养生时间不宜少于7d，不应少于48h。养生时间达到7d的冷再生层，可进行下一步工序施工。当满足下列两个条件之一时，可提前结束养生：

1 再生层使用 ϕ150mm 钻头的钻芯机可取出完整的芯样；

2 再生层含水率低于2%。

条文说明

冷再生混合料强度等性能受到天气因素的显著影响，当天气干燥、平均气温高于20℃，经检验可以更快形成早期强度时，养生时间可以适当缩短。

采用 ϕ100mm 钻头可取出完整的芯样也是可以的，而且标准更为严格。

9.8.3 无机结合料再生混合料结构层宜选择洒水、薄膜覆盖、土工布覆盖、草帘覆盖、铺设湿沙、喷洒乳化沥青等方式进行养生，养生时间不宜少于7d。其他养生要求可参照现行《公路路面基层施工技术细则》（JTG/T F20）执行。

9.8.4 在封闭交通养生24h后，可根据工程需要允许小型车辆通行，但应严格限制重型车辆。车辆行驶速度应控制在40km/h以内。严禁车辆在再生层上掉头和紧急制动。

9.8.5 在养生完成后尚未加铺上层结构前，根据工程需要车辆通行时，宜采用封层进行表面处理。

9.9 施工质量控制

9.9.1 材料进场时应按批次进行检测，保证满足设计要求。

9.9.2 乳化沥青或泡沫沥青厂拌冷再生施工过程中的材料质量控制应符合表9.9.2的要求。

表 9.9.2 乳化沥青或泡沫沥青厂拌冷再生施工过程中的材料检验

材料	检验项目	要求值	检验频度	
			高速公路、一级公路	其他等级公路
乳化沥青	蒸发残留物含量，蒸发残留物针入度、软化点	符合设计要求	每 2 ~ 3 个工作日 1 次	每周 1 次
泡沫沥青	沥青的针入度、延度、软化点，泡沫沥青的膨胀率、半衰期	符合设计要求	每 2 ~ 3 个工作日 1 次	每周 1 次
	沥青温度	符合设计要求	每天施工前	每天施工前
粗集料	针片状颗粒含量、表观相对密度、级配、压碎值	符合设计要求	根据需要时	根据需要时
细集料	级配、砂当量	符合设计要求	根据需要时	根据需要时
	含水率	—	每天施工前	每天施工前
沥青路面回收料（RMAP）	级配	符合本规范第 5.8 节及设计要求	发现异常时	发现异常时
	含水率	—	每天施工前	每天施工前
矿粉	塑性指数、粒度范围	符合本规范第 5.6 节要求	根据需要时	根据需要时
水泥	强度、初凝时间、终凝时间	符合设计要求	根据需要时	根据需要时

注：采用乳化沥青或泡沫沥青作为再生结合料，正常施工时可不测水泥的相关指标，只需产品检验合格报告或出厂合格证。

9.9.3 无机结合料厂拌冷再生施工过程的材料质量控制和检验项目、频度、质量标准应符合现行《公路路面基层施工技术细则》（JTG/T F20）的有关规定。无机回收料（RAI）应符合表 9.9.3 的要求。

表 9.9.3 无机结合料厂拌冷再生施工过程中的无机回收料（RAI）检验

材料	检验项目	要求值	检验频度
无机回收料（RAI）	级配	符合设计要求	每批来料 1 次

9.9.4 施工过程中乳化沥青或泡沫沥青厂拌冷再生混合料的质量控制项目、检验频度和质量标准应符合表 9.9.4 的要求。

表 9.9.4 乳化沥青或泡沫沥青厂拌冷再生混合料施工过程中的质量控制标准

检验项目	质量要求	检验频度	检验方法
混合料外观	乳化沥青冷再生混合料应拌和均匀，无离析，无花白料； 泡沫沥青冷再生混合料应拌和均匀，无离析，无油团现象	随时	目测

续表 9.9.4

检验项目	质量要求	检验频度	检验方法
含水率（%）	符合本规范要求	发现异常时	T0801
新沥青用量（%）	设计值 ±0.2	发现异常时	总量控制
水泥用量（%）	设计值 ±0.3	发现异常时	总量控制，不添加沥青情况下 T0809
级配	符合设计要求	发现异常时	T0302
15℃劈裂强度（MPa）	符合设计要求	每个工作日 1 次	附录 F
干湿劈裂强度比（%）	符合设计要求		
冻融劈裂强度比（%）	符合设计要求	每 3 个工作日 1 次	附录 F
60℃动稳定度[a]（次/mm）	符合设计要求	根据需要时	T0719

注：[a]按 T0703 轮碾法成型 80mm 厚（粗粒式）或 50mm 厚（中粒式和细粒式）的冷再生混合料车辙板块试件，碾压完成后迅速将试件放置到 60℃鼓风烘箱中烘干至恒重（一般 48h 左右），再按 T0719 进行动稳定度试验，试验前试件保温时间为 8～10h。

条文说明

本规范修正和细化了检验方法及其步骤，具体说明如下：

(1) 与混合料技术要求章节相对应，删减马歇尔稳定度指标，增加车辙动稳定度指标要求。

(2) 水泥用量对性能影响较大，增加该项检测要求。

(3) 沥青用量可通过再生混合料的外观做出判断，当发现异常时，应结合累计乳化沥青或泡沫沥青的实际使用总量予以检验。抽提或者燃烧法检测沥青用量在理论上可行，但是实际操作可能会出现较大偏差。总量控制的方法同样很难做到精确控制，但是相对于抽提或者燃烧法要简便一些。

在施工前，由项目业主、施工单位、监理单位等工程各方一起对拌和设备计量系统进行标定，建立仪表显示值与实际值之间的关系曲线，以此为依据进行材料用量控制，通常是最方便、最准确可靠的。

9.9.5 乳化沥青或泡沫沥青厂拌冷再生施工过程的外形尺寸检验项目、频度和质量标准应符合表 9.9.5 的要求。

表 9.9.5 乳化沥青或泡沫沥青厂拌冷再生施工过程中的质量控制标准

检验项目	质量要求		检验频度	检验方法
	高速公路、一级公路	其他等级公路		
外观	表面平整密实，无浮石、弹簧现象，无明显压路机轮迹		随时	目测
厚度（mm）	设计厚度 ±10	设计厚度 ±15	每 1 500m^2 检验 1 点，单点评价	T0912

续表 9.9.5

检验项目		质量要求		检验频度	检验方法
		高速公路、一级公路	其他等级公路		
乳化沥青再生	压实度[a]（%）	≥99（基于试验室标准密度）		每车道每1km检验3点	T0921
		≥87（基于理论最大相对密度）			T0924
	空隙率（%）	满足设计要求（基于理论最大相对密度）		每车道每1km检验1点	T0924
泡沫沥青再生	压实度（%）	≥99（基于试验室标准密度）		每车道每1km检验3点	基于重型击实最大干密度，T0921
	沥青温度（℃）	设计发泡温度±8		随时	温度计
平整度（标准差）（mm）		≤1.8（1.5）[b]	≤3.0（2.8）[b]	每车道连续测量	T0932
宽度（mm）		不小于设计宽度，边缘线整齐、顺适		每100m检验2处	T0911
纵断面高程（mm）		符合设计要求		每100m检验1个断面	T0911
横坡（%）		符合设计要求		每100m检验1个断面	T0911

注：[a]表中压实度质量要求，选择其中一种方法进行检测并达到要求即为合格。
[b]表中括号内数字是针对冷再生层上加铺的沥青层厚度小于80mm的情况。

条文说明

08规范要求乳化沥青冷再生设计空隙率为9%～14%，同时要求基于理论最大相对密度的现场压实度达到90%，使得工程中经常出现压实度难以满足要求的情况。本规范对此做出了调整。

泡沫沥青冷再生，由于施工现场压实功一般都高于室内重型击实，如果压实度采用重型击实标准密度，那么工程实际中可能会出现泡沫沥青冷再生压实度超过100%的情况，本规范在08规范基础上提高了压实度要求。

按照再生养护工程的特点修正目前的检验项目和具体技术要求，按照公路等级提出不同的技术要求。横坡、厚度、纵断面高程三个指标之间存在矛盾时，以设计要求为准；当设计文件未明确说明时，要协商确定合理的控制方法和检测位置。

9.9.6 厂拌的无机结合料再生层的施工过程检测可参照现行《公路路面基层施工技术细则》（JTG/T F20）的有关规定执行。

条文说明

将无机回收料（RAI）用水泥等无机结合料进行厂拌再生，除了在一些严重匮乏石料的地区及禁止砂石开采的经济发达地区外，其经济性优势不够明显。

无机结合料稳定厂拌冷再生与新建半刚性基层的主要区别就是使用了回收基层材料作为原材料，在生产施工与质量控制方面可参照现行《公路路面基层施工技术细则》（JTG/T F20）的有关规定执行。

10 就地冷再生施工

10.1 设备要求

10.1.1 就地冷再生机应满足下列要求：

1 应能将沥青路面铣刨，添加乳化沥青或者泡沫沥青，将铣刨的路面材料与新添加材料均匀拌和。

2 再生结合料供给系统应计量精确、可显示、可调节，并与切削深度、施工速度、材料密度等联动。喷嘴在工作宽度范围内应均匀分布，各喷嘴可独立开启与关闭。

3 供水系统应能够保证连续、均匀、准确地供水，流量应可显示、可调节。

4 铣刨宽度应不小于2 000mm。

5 铣刨深度应可调节，最大铣刨深度应不小于150mm。

6 使用泡沫沥青时，还应具备沥青加热保温以及泡沫沥青发生装置。

10.2 施工准备

10.2.1 施工前应配备满足施工要求的就地冷再生机、压路机、运料车、沥青罐车、水罐车等生产施工设备，并保证其处于良好的工作状态。

10.2.2 施工前应做好技术、材料、设备、人员、交通组织、后勤保障等各方面的准备工作。

10.2.3 正式施工前应铺筑试验段，长度不宜小于200m。通过铺筑试验段应完成下列工作内容：

1 检验再生设备的性能是否满足施工需要；

2 确定就地冷再生机参数设置、铣刨深度、再生速度、摊铺工艺、压实工艺、合理施工作业段长度、养生时间等施工工艺和参数；

3 验证混合料配合比设计；

4 检测压实度、渗水系数等性能指标；

5 建立就地冷再生机仪表显示值与实际值的相关关系，检验质量控制方案的可行性和可操作性等。

10.2.4 需要分幅完成再生作业时，每个作业段长度的确定应综合考虑施工季节、气候条件、再生作业段宽度、施工机械和运输车辆的效率和数量、操作熟练程度、水泥终凝时间等因素，宜控制在100～200m范围内。

10.2.5 施工前应清除原路面上的杂物，根据再生厚度、宽度、干密度等计算单位面积沥青再生结合料、新集料、水泥等的用量。将新集料、水泥均匀撒布到原路面上，有条件的宜采用水泥制浆车添加水泥。

10.3 铣刨与拌和

10.3.1 就地冷再生的施工应按试验段确定的再生工艺进行。

10.3.2 再生机组应匀速、连续地进行再生作业，按设定再生深度对路面进行铣刨、拌和，不得随意变更速度或者中途停顿，再生施工速度宜为3～6m/min。

10.3.3 纵向接缝搭接宽度不宜小于100mm。当搭接宽度超过再生机沥青喷嘴和水喷嘴的有效喷洒宽度时，后一幅施工时应关闭相应位置的沥青和水的喷嘴。

10.3.4 每一幅的再生宽度应根据设计再生宽度、再生机铣刨宽度、施工组织便捷性等合理确定，减少纵向接缝数量，且宜使纵向接缝避开车道轮迹带的位置。

10.3.5 横向搭接处的施工宜符合下列规定：

1 再生停机时间短于水泥初凝时间时，应将再生机退至其铣刨转子之后至少1.5m的位置，重新开始再生作业。

2 再生停机时间超过水泥初凝时间时，应在搭接处重新撒布水泥，但无须再次添加新料、乳化沥青或泡沫沥青，重新开始再生作业。

10.4 摊铺

10.4.1 混合料宜采用摊铺机或者带有摊铺装置的再生机进行摊铺。原路面平整度较差或对冷再生层平整度要求较高时，不宜采用再生机自带的摊铺装置进行摊铺。三级和四级公路也可使用平地机进行摊铺。

10.4.2 使用摊铺机摊铺时，应符合下列规定：

1 摊铺应匀速、连续，速度宜控制在2～4m/min的范围内，且不得随意变换速度或者中途停顿。

2 摊铺能力应与再生能力基本匹配。应在水泥初凝时间范围内完成材料摊铺压实。

3　松铺系数应根据试验段的结果确定。

4　摊铺机的摊铺宽度应与再生铣刨宽度保持一致。

5　可根据工程需要选择高程控制、平衡梁、雪橇式等摊铺厚度控制方式。

条文说明

就地冷再生混合料摊铺时松铺系数一般在1.25~1.30之间。

10.4.3　使用带摊铺装置的再生机进行摊铺时，应满足下列要求：

1　摊铺应匀速、连续，速度宜控制在2~4m/min的范围内，且不得随意变换速度或者中途停顿。

2　摊铺厚度应合理，使单位时间内摊铺槽进出材料数量基本平衡，不得出现缺料或者溢料的情况。

3　松铺系数应根据试验段的结果确定。

4　摊铺机的摊铺宽度应与再生铣刨宽度保持一致。

10.4.4　摊铺过程中应随时检查摊铺层厚度、路拱和横坡等，发现问题应及时调整。

10.4.5　摊铺出的混合料不应出现明显离析、波浪、裂缝、拖痕，发现问题应及时处理。

10.5　压实

10.5.1　压实应采用流水作业法，使各工序紧密衔接，缩短从拌和到完成碾压之间的延迟时间。

10.5.2　混合料宜在最佳含水率情况下碾压，避免出现弹簧、松散、起皮等现象。

10.5.3　终压前可采用平地机再整平一次，使其纵向顺适，路拱和横坡符合设计要求。

10.5.4　其他要求应符合本规范第9.7节的有关规定。

10.6　养生及开放交通

10.6.1　养生和开放交通应符合本规范第9.8节的有关规定。

10.7 施工质量控制

10.7.1 材料进场时应进行材料检验，保证满足设计要求。

10.7.2 施工过程中的材料质量控制应符合表10.7.2的要求。

表10.7.2 就地冷再生施工过程中的材料检验

材料	检验项目	要求值	检验频度	
			高速公路、一级公路	其他等级公路
乳化沥青	蒸发残留物含量，蒸发残留物针入度、软化点	符合设计要求	每2～3个工作日1次	每周1次
泡沫沥青	沥青的针入度、延度、软化点，泡沫沥青的膨胀率、半衰期	符合设计要求	每2～3个工作日1次	每周1次
	沥青温度	符合设计要求	每天施工前	每天施工前
粗集料	针片状颗粒含量、表观相对密度、级配、压碎值	符合设计要求	根据需要时	根据需要时
细集料	级配、表观相对密度、松方密度	符合设计要求	根据需要时	根据需要时
	含水率	—	每天施工前	每天施工前
矿粉	塑性指数、粒度范围	符合本规范第5.6节要求	每2～3个工作日1次	每周1次
沥青混合料回收料（RAP）	级配	符合本规范表5.8.2及设计要求	发现异常时	发现异常时
水泥	强度、初凝时间、终凝时间	符合设计要求	根据需要时	根据需要时

10.7.3 施工过程中再生混合料的质量应符合本规范第9.9节的有关规定。

10.7.4 就地冷再生施工过程的质量控制标准应符合表10.7.4的要求。

表10.7.4 就地冷再生施工过程中的质量控制标准

检验项目	质量要求		检验频度	检验方法
	高速公路、一级公路	其他等级公路		
外观	表面平整密实，无浮石、弹簧现象，无明显压路机轮迹		随时	目测
厚度（mm）	设计厚度±10	设计厚度±15	每2 000m^2检验1点，单点评价	T0912

续表 10.7.4

检验项目		质量要求		检验频度	检验方法
		高速公路、一级公路	其他等级公路		
乳化沥青再生	压实度[a]（%）	≥99（基于试验室标准密度）		每车道每 1km 检验 3 点	T0921
		≥87（基于理论最大相对密度）			T0924
	空隙率（%）	满足设计要求（基于理论最大相对密度）		每车道每 1km 检验 3 点	T0924
泡沫沥青再生	压实度（%）	≥99（基于试验室标准密度）		每车道每 1km 检验 3 点	基于重型击实最大干密度，T0921
	沥青温度（℃）	设计发泡温度 ±8		随时	温度计
平整度（标准差）（mm）		≤2.0（1.8）[b]	≤3.0（2.8）[b]	连续测量	T0932
宽度（mm）		不小于设计宽度，边缘线整齐、顺适		每 100m 检验 2 处	T0911
纵断面高程（mm）		符合设计要求		每 100m 检验 1 个断面	T0911
横坡（%）		符合设计要求		每 100m 检验 1 个断面	T0911

注：[a]表中压实度质量要求不是要求同时满足，而是选择其中一种方法进行检测并达到要求即为合格。

[b]表中括号内数字是针对冷再生层上加铺的沥青层厚度小于 80mm 的情况。

条文说明

按照再生养护工程的特点修正目前的检验项目和具体技术要求，按照公路等级提出不同的技术要求。横坡、厚度、纵断面高程三个指标之间存在矛盾时，以设计要求为准；当设计文件未明确说明时，要协商确定合理的控制方法和检测位置。

11 全深式冷再生施工

11.1 设备要求

11.1.1 沥青路面全深式冷再生机应满足下列要求：

1 应能将沥青路面铣刨，并将铣刨出来的路面材料与新添加的材料均匀拌和。

2 再生结合料供给系统应计量精确、可显示、可调节，并与切削深度、施工速度、材料密度等联动。喷嘴在工作宽度范围内应均匀分布，各喷嘴可独立开启与关闭。

3 供水系统应能保证连续、均匀、准确地供水，流量应可显示、可调节。

4 铣刨深度应可调节，满足再生要求。

5 使用泡沫沥青时，应具备沥青加热保温以及泡沫沥青发生装置。

11.2 施工准备

11.2.1 施工前应配备满足施工要求的全深式冷再生机、压路机、运料车、沥青罐车、水罐车等生产施工设备，并保证其处于良好的工作状态。

11.2.2 全深式冷再生施工准备的其他规定可参照本规范第10.2节执行。

11.3 铣刨与拌和

11.3.1 全深式冷再生铣刨及拌和可参照本规范第10.3节执行。

11.4 摊铺

11.4.1 全深式冷再生摊铺可参照本规范第10.4节执行。

11.5 压实

11.5.1 采用乳化沥青或泡沫沥青作为结合料的全深式冷再生层，其压实应按本规范第10.5节执行。

11.5.2 采用水泥或石灰作为结合料的全深式冷再生层，其压实应按现行《公路路面基层施工技术细则》（JTG/T F20）的有关规定执行。

11.6 养生及开放交通

11.6.1 采用乳化沥青或泡沫沥青作为结合料的全深式冷再生层，养生及开放交通应满足本规范第9.8节的要求。

11.6.2 采用水泥或石灰作为结合料的全深式冷再生层，养生及开放交通应符合现行《公路路面基层施工技术细则》（JTG/T F20）的有关规定。

11.7 施工质量控制

11.7.1 材料进场时应进行材料检验，保证满足设计要求。

11.7.2 采用乳化沥青或泡沫沥青作为结合料的全深式冷再生，施工过程中的材料质量控制应符合本规范第10.7节的要求。

11.7.3 采用水泥或石灰作为结合料的全深式冷再生，施工过程中的材料质量控制应符合表11.7.3的要求。

表11.7.3 全深式冷再生施工过程中的材料检验（水泥或石灰）

材料	检验项目	要求值	检验频度
粗集料	针片状颗粒含量、表观相对密度、级配、压碎值	符合设计要求	每批来料1次
细集料	级配、表观相对密度、松方密度	符合设计要求	每批来料1次
	含水率	—	每批来料1次
（RAP+RAI）混合物	级配	符合设计要求	每批来料1次
矿粉	塑性指数、粒度范围	符合设计要求	每批来料1次
水泥	强度、初凝时间、终凝时间	符合设计要求	每批来料1次
石灰	有效钙、镁含量	符合设计要求	每批来料1次

11.7.4 采用乳化沥青或泡沫沥青作为结合料的全深式冷再生，施工过程的质量标准应符合本规范第10.7节的有关规定。

11.7.5 采用水泥或石灰作为结合料的全深式冷再生，施工过程中再生混合料的质量控制标准应符合表11.7.5的有关规定。

表 11.7.5　无机结合料全深式冷再生混合料质量控制标准

检验项目	质量要求	检验频度	检验方法
混合料外观	应均匀、无离析	随时	目测
含水率（%）	符合设计要求	发现异常时	T0801
水泥或石灰用量（%）	设计值 ±0.3	发现异常时	总量控制
抗压强度（MPa）	符合设计要求	每工作日 1 次	T0805

11.7.6　全深式冷再生施工过程中的质量控制标准应符合表 11.7.6 的要求。

表 11.7.6　全深式冷再生施工过程中的质量控制标准

检验项目	质量要求		检验频度	检验方法
	高速公路、一级公路	其他等级公路		
外观	表面平整密实，无浮石、弹簧现象，无明显压路机轮迹		随时	目测
厚度（mm）	设计厚度 ±15	设计厚度 ±20	每 1 500m² 检验 1 点，单点评价	T0912
压实度（%）	≥98		每车道每 1km 检验 3 点	基于重型击实最大干密度，T0921
平整度（标准差）（mm）	≤2.0	≤3.0	连续测量	T0932
宽度（mm）	不小于设计宽度，边缘线整齐、顺适		每 100m 检验 2 处	T0911
纵断面高程（mm）	符合设计要求		每 50m 检验 1 个断面	T0911
横坡（%）	符合设计要求		每 100m 检验 1 个断面	T0911

条文说明

本条按照路面再生工程的特点和公路等级提出了检验项目和技术要求。横坡、厚度、纵断面高程三个指标之间存在矛盾时，以设计要求为准；当设计文件未明确说明时，要协商确定合理的控制方法和检测位置。

附录 A　再生混合料设计参数

A. 0. 1　沥青路面结构设计中，再生层材料的设计参数宜采用工程实际使用材料的实测参数。

A. 0. 2　路面结构设计无试验数据时，可参照下列规定确定设计参数：

1　厂拌热再生、就地热再生、使用水泥或石灰作为再生结合料的全深式冷再生可按现行《公路沥青路面设计规范》（JTG D50）确定设计参数。

2　使用乳化沥青或泡沫沥青作为再生结合料的厂拌冷再生、就地冷再生、全深式冷再生可按表 A. 0. 2 确定设计参数。

表 A. 0. 2　冷再生材料结构设计参数

试验频率（Hz）	动态压缩模量 20℃（MPa）
10	3 500 ~ 5 500
5	3 000 ~ 5 000

附录B　沥青路面回收料（RMAP）取样与试验分析

B.1　现场取样

B.1.1　现场取样适用于就地热再生、就地冷再生、全深式冷再生工程的前期调查和混合料设计用沥青路面回收料（RMAP）的获取，以及厂拌热再生、厂拌冷再生工程的前期调查。

B.1.2　取样频率和方法应符合下列规定：

1　分析路面结构和路面维修记录，根据路面状况是否相同或者接近将全施工路段划分为若干个子路段，每个子路段长度不宜大于5 000m，且不宜小于500m，或者每个子路段面积不宜大于50 000m^2，且不宜小于5 000m^2。

2　按现行《公路路基路面现场测试规程》随机取样方法确定取样点位置。

3　就地热再生，每个子路段每个车道应分别取样1处，采用机械切割方法，样品取回后根据需要将要求深度范围内的混合料切割使用。

4　厂拌热再生、厂拌冷再生，每个子路段取样断面数应不少于2个，可采用铣刨机铣刨方法获得样品。

5　就地冷再生、全深式冷再生，每个子路段每个车道分别取样1处，应采用铣刨机铣刨方法，铣刨深度应与拟再生深度一致。

6　根据需要，宜一次性获取足够数量的沥青路面回收料（RMAP）。

条文说明

厂拌类再生主要是用后场的铣刨料进行设计。现场取样建议使用铣刨机铣刨的方式获得，因为钻取的芯样和机械切割的样品室内击碎后的级配可能和铣刨的级配存在较大差别。此外，本次修订将取样断面减少为不少于2个。

B.2　拌和厂料堆取样

B.2.1　拌和厂料堆取样适用于厂拌热再生、厂拌冷再生工程的前期调查，以及混合料设计用沥青路面回收料（RMAP）的获取。

B.2.2 取样方法参照现行《公路工程集料试验规程》（JTG E42）粗集料料堆取样法。对于沥青混合料回收料（RAP），取样前应去除表面150～250mm深度范围内的部分。

B.2.3 根据需要，一次性获取足够数量的沥青路面回收料（RMAP）。

B.3 试样存放

B.3.1 试样存放应符合下列要求：

1 试样应存放在干净、干燥阴凉处，妥善保存备用。

2 试样级配类型、取样日期、层位和桩号等信息应标明，防止试样污染或相互混杂。

B.4 试样缩分

B.4.1 分料器法：将试样拌匀，通过分料器分成大致相等的两份，再取其中的一份分成两份，缩分至需要的数量为止。

B.4.2 四分法：将所取试样置于平板上，在自然状态下拌和均匀，大致摊平，然后从摊平的试样中心沿互相垂直的两个方向把试样向两边分开，分成大致相等的四份，取其中对角的两份重新拌匀，重复上述过程，直至缩分至所需的数量。

B.5 沥青路面回收料（RMAP）评价

B.5.1 根据烘干前后沥青路面回收料（RMAP）质量的变化，按式（B.5.1）计算沥青路面回收料（RMAP）的含水率 w。试验方法参照现行《公路工程集料试验规程》（JTG E42）T0305，烘箱加热温度调整为105℃恒温。

$$w=\frac{m_{\mathrm{w}}-m_{\mathrm{d}}}{m_{\mathrm{d}}}\times 100 \tag{B.5.1}$$

式中：w——沥青路面回收料（RMAP）的含水率（%）；

m_{w}——沥青路面回收料（RMAP）的质量（g）；

m_{d}——沥青路面回收料（RMAP）烘干至恒重的质量（g）。

B.5.2 对沥青路面回收料（RMAP）进行筛分试验，确定沥青路面回收料（RMAP）的级配。试验方法参照现行《公路工程集料试验规程》（JTG E42）T0302，材料加热温度调整为60℃恒温，采用干筛法。

B.5.3 测试沥青路面回收料（RMAP）的砂当量，首先将沥青路面回收料（RMAP）加热干燥至恒重，加热温度为60℃；然后，用4.75mm筛筛除沥青路面回收料（RMAP）中的粗颗粒，进行砂当量指标检测。试验方法参照现行《公路工程集料试验规程》（JTG E42）T0334。

B.5.4 沥青混合料回收料（RAP）的沥青含量和沥青性能测试应按下列要求进行：

1 将RAP加热干燥至恒重，加热温度为60℃。

2 按现行《公路工程沥青及沥青混合料试验规程》（JTG E20）T0726阿布森法从沥青混合料回收料（RAP）中回收沥青。如果采用其他方法，需要进行重复性和复现性试验，并进行空白沥青标定。

3 检测沥青含量和回收沥青的25℃针入度、60℃黏度、软化点、15℃延度等指标。

4 具有下列情形之一的，必须进行空白沥青标定：更换阿布森沥青回收设备时；更换三氯乙烯品种或供应商时；回收沥青性能异常时；沥青混合料回收料（RAP）来源发生变化时。

5 重复性试验的允许误差为：针入度≤5（0.1mm），黏度≤平均值的10%，软化点≤2.5℃；复现性试验的允许误差为：针入度≤10（0.1mm），黏度≤平均值的15%，软化点≤5.0℃。如果超出允许误差范围，则应弃置回收沥青，重新标定、回收。

B.5.5 沥青混合料回收料（RAP）的矿料级配和集料性质测试应符合下列要求：

1 将抽提试验后得到的矿料烘干，待矿料降到室温后，用标准方孔筛进行筛分试验，确定沥青混合料回收料（RAP）中的旧矿料级配。沥青混合料回收料（RAP）的沥青含量与级配也可采用燃烧法确定。若在燃烧过程中，集料由于高温导致破碎，则不宜采用该法。

2 沥青混合料回收料（RAP）中集料性质应按相关行业规范进行检测。

附录 C　泡沫沥青发泡试验方法

C.1　一般规定

C.1.1　本方法适用于使用泡沫沥青室内发生装置确定泡沫沥青的最佳发泡温度和最佳发泡用水量。

C.2　仪器与材料

C.2.1　试验仪器和工具包括：泡沫沥青发生装置；温度计（分度值 1℃）；直尺；烘箱；秒表（精度不低于 0.1s）；测量桶（直径为 275mm，容积为 20L）。

C.2.2　材料：沥青、水。

C.3　方法与步骤

C.3.1　根据经验和工程条件确定发泡温度，确定 3 个发泡用水量。发泡温度一般为 155～175℃，发泡用水量可取 1%、2%、3%。

C.3.2　将沥青加热至试验温度。

C.3.3　标定沥青喷射流量，设置计时器，使每次沥青喷射量为 500g。

C.3.4　设定水流量计，使水流量达到要求的用水量。

C.3.5　泡沫沥青制作出后，立即将其喷射到加热至 75℃的专用钢制量桶中。泡沫沥青喷射结束后，当其体积达到最大时，迅速按下秒表。

条文说明

泡沫沥青喷射结束时的体积不一定为最大体积，可能存在继续膨胀的情况。因此，将 08 规范条文的喷射结束后立即计时，修改为泡沫沥青喷射结束后，当其体积达到最大时再按下秒表计时。

C.3.6 测定量桶内泡沫沥青最大高度，确定泡沫沥青的膨胀率。记录泡沫沥青衰减到最大体积一半时的时间，精确到0.1s，得出泡沫沥青的半衰期。每个工况平行试验3次，取平均值作为试验结果。

C.3.7 绘制膨胀率、半衰期随用水量的变化曲线图，确定容许膨胀率对应的用水量 W_1 和容许半衰期对应的用水量 W_2。当容许膨胀率对应的用水量 W_1 低于1.5%时取值1.5%，当容许半衰期对应的用水量 W_2 超过4.0%时取值4.0%。然后按式（C.3.7）计算最佳发泡用水量 W_{opt}。

$$W_{opt} = (W_1 + W_2)/2 \quad (C.3.7)$$

C.3.8 试验用水量范围内的膨胀率、半衰期不能达到表5.3.1要求的，应改变试验温度重新试验，仍不能满足要求的，应调整沥青品种、标号或者采取其他技术措施后重新试验，直至满足要求。

条文说明

沥青的发泡特性（泡沫沥青的稳定性）受发泡温度、发泡水量、沥青类型、发泡压力、添加剂等的影响。

（1）发泡温度的影响。在适宜的温度下制备发泡沥青，容易形成较好的泡沫。通常情况下，制备泡沫沥青时的沥青温度不低于150℃。沥青温度过高或过低，发泡效果均会下降，存在一个最佳的发泡温度。

（2）发泡水量的影响。一般情况下，随着发泡水量的增加，气泡体积增大，从而使得泡沫沥青的膨胀率增大。但是单个泡沫体积的增大会减小沥青薄膜的厚度，使得泡沫不稳定，从而导致半衰期的下降。也就是说，泡沫沥青的膨胀率和半衰期指标与发泡水量的关系是相反的。

（3）发泡压力的影响。适当增加输送管道的压力可以使流经的液体更好地分散成雾状，改善泡沫的均匀性。

（4）发泡设备的影响。发泡设备技术参数的不同会带来不同的发泡效果。

（5）材料的影响。沥青材料是决定泡沫沥青膨胀率和半衰期的根本因素。由于原油来源、炼制工艺的差异，不同品牌和标号沥青的发泡特性也会不同，即便是同一品牌和标号的沥青，不同批次之间也可能存在差异。有的沥青由于原油开采和炼制工艺原因存在发泡困难的现象。

从技术指标来看，沥青的表面张力、密度等指标应该对发泡特性有较大的影响，但是目前还没有研究结论能够证明沥青针入度、延度、软化点、黏度等常规指标与其发泡特性之间存在必然联系，只能通过发泡试验确定沥青是否适合制作泡沫沥青。

C.4 沥青发泡试验报告

C.4.1 沥青发泡试验报告至少应包括下列内容：

1 沥青最佳发泡温度；

2 沥青最佳发泡水量；

3 最佳发泡温度和发泡水量条件下的膨胀率、半衰期指标；

4 发泡设备参数等信息。

条文说明

以下是某沥青发泡试验示例：

通过发泡试验，得到不同发泡温度、发泡水量条件下沥青膨胀率、半衰期指标，见表 C-1。

表 C-1 不同温度情况下沥青发泡试验数据

发泡温度（℃）	发泡水量（%）	膨胀率均值（倍）	半衰期均值（s）
155	1.5	6.5	17.3
	2.5	7.0	16.5
	3.0	7.5	15.5
	3.5	7.5	15.0
	4.0	7.8	15.0
165	1.5	7.3	19.7
	2.5	10.0	19.0
	3.0	11.5	18.5
	3.5	12.0	17.3
170	1.5	8.0	51.3
	2.0	9.0	49.0
	2.5	9.3	48.5
	3.0	11.0	29.5
	3.5	11.0	20.0
	4.0	11.0	20.0

发泡温度在 155℃ 时泡沫沥青的膨胀率指标不能满足要求。将发泡温度 165℃ 和 170℃ 时的发泡数据绘制成图，分别见图 C-1 和图 C-2。

从图 C-1 可以得出，容许膨胀率对应的用水量 W_1 为 2.5%，对应容许半衰期 8s 的用水量 W_2 远超过 4%，因此取 W_2 为 4%，则 165℃ 时的最佳发泡水量为：$W_{opt}=(W_1+W_2)/2=(2.5\%+4.0\%)/2\approx3.3\%$。对应最佳发泡水量的膨胀率和半衰期分别为 11.9 倍和 17.9s。

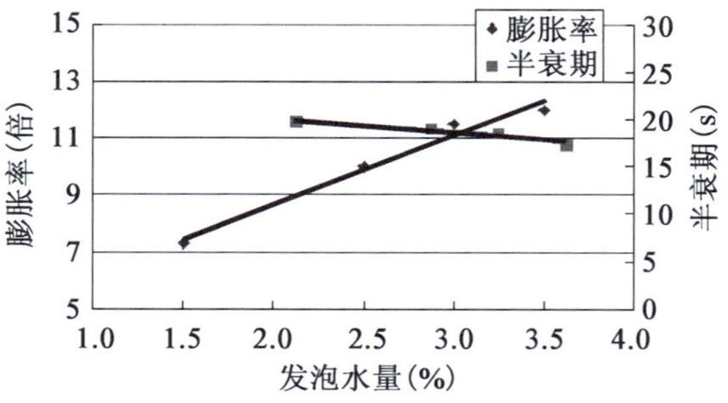

图 C-1　165℃沥青发泡试验结果

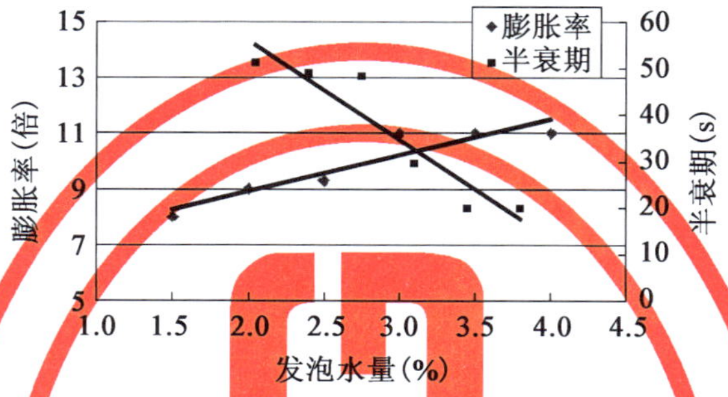

图 C-2　170℃沥青发泡试验结果

从图 C-2 可以得出，容许膨胀率对应的用水量 W_1 为 2.8%，容许半衰期对应的用水量 W_2 远超过 4%，因此取 W_2 为 4%，则 170℃时的最佳发泡水量为：$W_{opt}=(W_1+W_2)/2=(2.8\%+4.0\%)/2=3.4\%$。对应最佳发泡水量的膨胀率和半衰期分别为 10.7 倍和 26.6s。

通过发泡试验得出以下结论：在发泡温度 165～170℃范围内，该沥青有良好的发泡性能。165℃和 170℃时沥青的膨胀率差异不大，但是 170℃时的半衰期指标显著高于 165℃时的情况。因此推荐最佳发泡温度为 170℃。

附录 D 厂拌热再生沥青混合料配合比设计方法

D.1 一般规定

D.1.1 本方法适用于厂拌热再生密级配沥青混合料及沥青稳定碎石混合料的配合比设计。

D.1.2 厂拌热再生沥青混合料的配合比设计应通过目标配合比设计、生产配合比设计、生产配合比验证三个阶段，确定沥青混合料回收料（RAP）的掺配比例、新材料的品种及配比、矿料级配、最佳沥青用量。

D.1.3 厂拌热再生沥青混合料的目标配合比设计宜按图 D.1.3 的步骤进行。

D.1.4 厂拌热再生混合料配合比设计时，沥青混合料回收料（RAP）应从处理后的沥青混合料回收料（RAP）料堆取样。使用其他取样方式进行的混合料设计，还应用料堆取样的沥青混合料回收料（RAP）按本方法进行设计检验。

D.1.5 厂拌热再生沥青混合料宜采用马歇尔设计方法进行配合比设计。采用其他设计方法设计时，应按本方法进行设计检验，满足要求时方可使用。

D.1.6 生产配合比设计可参照本方法规定的步骤进行。

D.2 确定工程设计级配范围

D.2.1 根据公路等级、气候条件、交通特点，充分借鉴成功经验，确定工程设计级配范围。工程设计级配范围应符合现行《公路沥青路面施工技术规范》（JTG F40）规定的相应热拌沥青混合料级配范围。

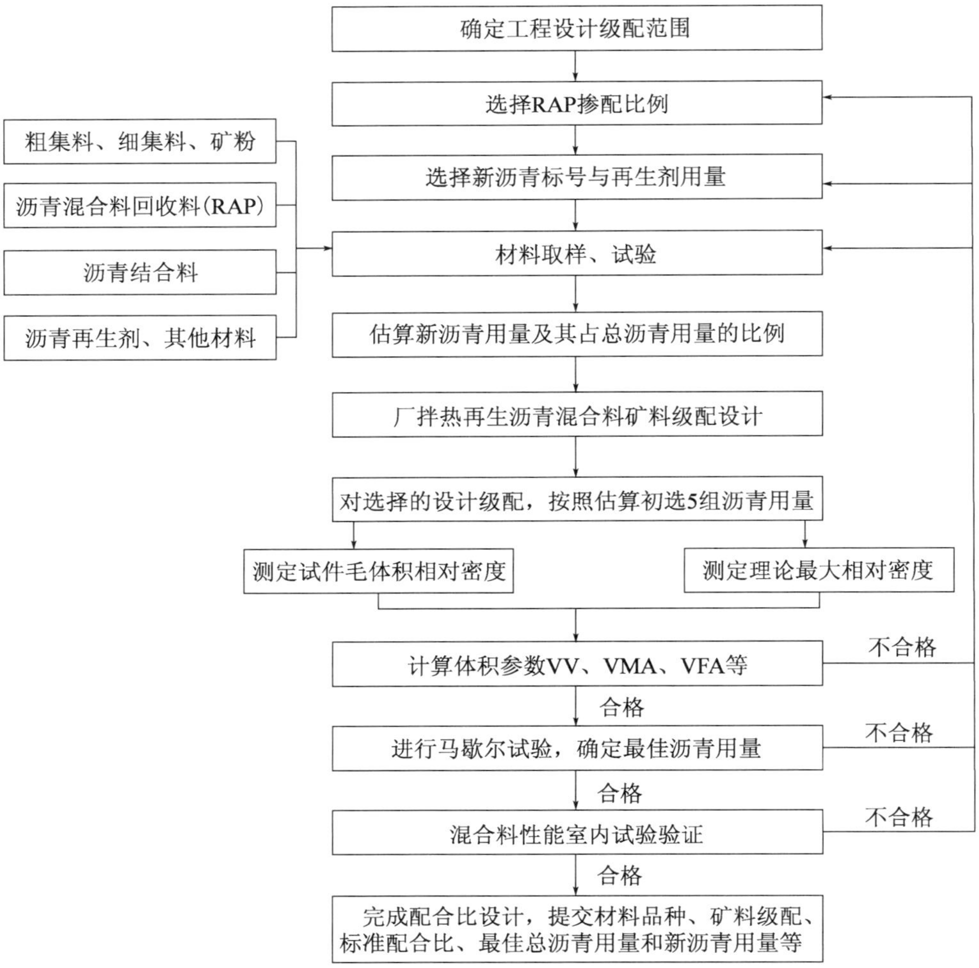

图 D.1.3　厂拌热再生沥青混合料目标配合比设计流程图

D.3　选择沥青混合料回收料（RAP）的掺配比例

D.3.1　根据工程需要、沥青混合料回收料（RAP）特性等因素，选择沥青混合料回收料（RAP）的掺配比例。

条文说明

沥青混合料回收料（RAP）掺配比例的确定，主要受下列因素的影响：

（1）沥青混合料回收料（RAP）的品质；

（2）新沥青的供应情况；

（3）生产设备性能；

（4）再生混合料的用途及其质量要求；

（5）厂拌热再生混合料用于面层时，掺配比例超过30%需专门论证确定。

D.4 选择新沥青标号和再生剂用量

D.4.1 再生沥青的目标标号应根据公路等级、混合料使用的层位、工程气候条件、交通量、设计车速等条件进行选择，一般选取与当地同等条件下常用的道路沥青标号作为目标标号。沥青混合料回收料（RAP）掺配比例较大时，也可根据实际情况，适当降低沥青目标标号一个等级。

D.4.2 新沥青标号的确定应按下列规定进行：

1 根据沥青混合料回收料（RAP）材料的性质、掺配比例，参照表D.4.2选择新沥青。

表D.4.2 再生沥青混合料新沥青选择

回收沥青等级	RAP含量	建议的新沥青等级
$P \geqslant 30$	$R < 20\%$	沥青选择不需要变化
$20 \leqslant P < 30$	$R < 15\%$	
$10 \leqslant P < 20$	$R < 10\%$	
$P \geqslant 30$	$20\% \leqslant R < 30\%$	选择新沥青标号比正常高半个等级，即针入度10（0.1mm）
$20 \leqslant P < 30$	$15\% \leqslant R < 25\%$	
$10 \leqslant P < 20$	$10\% \leqslant R < 15\%$	
$P \geqslant 30$	$R \geqslant 30\%$	根据新旧沥青混合调和法则确定
$20 \leqslant P < 30$	$R \geqslant 25\%$	
$10 \leqslant P < 20$	$R \geqslant 15\%$	

注：表中的P代表回收沥青25℃的针入度（0.1mm），R代表再生混合料中的RAP含量。

2 需要根据新旧沥青混合调和法则确定新沥青标号的，按式（D.4.2）确定新沥青（再生剂）的黏度。

$$\lg\eta_{mix} = (1-\alpha)\lg\eta_{old} + \alpha\lg\eta_{new} \tag{D.4.2}$$

式中：η_{mix}——混合后沥青的60℃黏度（Pa·s）；

η_{old}——混合前旧沥青的60℃黏度（Pa·s）；

η_{new}——混合前新沥青或再生剂的60℃黏度（Pa·s）；

α——新沥青的比例，$\alpha = \frac{P_{nb}}{P_b}$；

P_{nb}——热再生沥青混合料的新沥青用量（%）；

P_b——热再生沥青混合料的总沥青用量（%）。

3 根据黏度η_{new}确定新沥青标号。如需新沥青和再生剂配合使用的，新沥青与再生剂的掺配比例可按上式计算。应首先选择合适标号的新沥青，存在下列情形之一的可使用再生剂：

1）计算得到所需的新沥青标号过高，市场供应存在问题；

2）沥青混合料回收料（RAP）掺配比例较大或者沥青混合料回收料（RAP）中旧沥青含量较高。

4　根据计算得到的新旧沥青掺配比例和再生剂掺量进行新旧沥青掺配试验，试验验证再生沥青标号。

5　测试60℃黏度有困难时，可采用针入度指标。

条文说明

2　调和公式有多种，为与其他国外规范保持一致，修改为单对数公式，计算也更简便。另外补充解释了 P_{nb} 和 P_b 的符号意义。

D.5　确定材料性质

D.5.1　根据本规范第5.8节确定沥青混合料回收料（RAP）特性。按现行《公路沥青路面施工技术规范》（JTG F40）确定其他材料的特性。

D.6　估算新沥青用量 P_{nb} 及新沥青占总沥青用量的比例

D.6.1　估计再生沥青混合料的总沥青用量。沥青混合料回收料（RAP）掺量不超过20%时，热再生沥青混合料的总沥青用量与没有掺加沥青混合料回收料（RAP）的沥青混合料基本一致，可根据工程材料特性、气候特点、交通量等条件，结合当地的工程经验进行估计，也可按式（D.6.1）估计总沥青用量。

$$P_b = 0.035a + 0.045b + Kc + F \tag{D.6.1}$$

式中：P_b——估计的混合料中的总沥青用量（%）；

K——当0.075mm筛孔通过率为6%～10%时，K 取值为0.18；当0.075mm筛孔通过率小于或等于5%时，K 取值为0.20；

a——未通过2.36mm筛孔的集料的比例（%）；

b——通过2.36mm筛孔且留在0.075mm筛孔上集料的比例（%）；

c——通过0.075mm筛孔矿料的比例（%）；

F——取值为0～2.0，取决于集料的吸水率，缺乏资料时取0.7。

D.6.2　按式（D.6.2）计算再生沥青混合料的新沥青用量 P_{nb}：

$$P_{nb} = P_b - P_{ob} \times \frac{R}{100} \tag{D.6.2}$$

式中：P_{nb}——再生沥青混合料的新沥青用量（%）；

P_b——热再生沥青混合料的总沥青用量（%）；

P_{ob}——RAP 中的沥青含量（%）；

R——RAP 掺配比例（%）。

D.6.3 不同档的沥青混合料回收料（RAP），其沥青含量应分别计算再加和。

D.7 矿料配合比设计

D.7.1 根据沥青混合料回收料（RAP）的老化程度、含水率、沥青混合料回收料（RAP）矿料的级配变异情况以及工程的实际情况、沥青混合料类型、拌和设备的类型与加热干燥能力、新集料的性质等，确定新集料与沥青混合料回收料（RAP）的掺配比例。

D.7.2 将粗、细沥青混合料回收料（RAP）中的矿料分别作为再生沥青混合料中的一种矿料进行矿料配合比设计。

D.8 确定最佳新沥青用量

D.8.1 以估算新沥青用量 P_{nb} 为中值，用 P_{nb}、$P_{nb}\pm0.5$、$P_{nb}\pm1.0$ 这 5 个沥青用量水平，按现行《公路沥青路面施工技术规范》（JTG F40）中的马歇尔方法确定最佳新沥青用量。

D.8.2 马歇尔试件制备应符合下列要求：

1 将沥青混合料回收料（RAP）置于烘箱中加热至 120℃，加热时间不宜超过 2h，避免沥青混合料回收料（RAP）进一步老化。

2 根据再生沥青的黏温曲线确定混合料的拌和与成型温度，新集料加热温度宜高出拌和温度 10～15℃。

3 再生混合料拌和时的投料顺序宜为：在预热的拌和锅中先倒入沥青混合料回收料（RAP）并加入再生剂混拌均匀，然后加入粗细集料混拌均匀，再加入新沥青混拌均匀，最后加入矿粉拌和至均匀为止，总拌和时间约 3min。

4 将一个试样所需的混合料倒入预热的试模中，成型方法应与热拌沥青混合料相同。

条文说明

2 08 规范以新沥青的黏温曲线来确定拌和与成型温度，本次修订将其改为采用再生沥青（新沥青、老化沥青和再生剂）进行黏度试验，确定拌和与成型温度。

对于含有改性沥青的再生混合料，有时难以通过结合料黏温曲线确定拌和与成型温度，可参照对应的热拌改性沥青混合料并根据经验予以确定。

D. 8. 3 RAP 矿料的毛体积相对密度，应采用溶剂法或者燃烧炉法回收 RAP 中的集料经实测获得。当 RAP 掺配比例低于 25% 时，也可按式（D. 8. 3-1）、式（D. 8. 3-2）计算 RAP 矿料毛体积相对密度。

$$G_{se(RAP)} = \frac{100 - P_{b(RAP)}}{\frac{100}{G_{mm(RAP)}} - \frac{P_{b(RAP)}}{G_b}} \tag{D. 8. 3-1}$$

$$G_{sb(RAP)} = \frac{G_{se(RAP)}}{\frac{P_{ba} \times G_{se(RAP)}}{100 \times G_b} + 1} \tag{D. 8. 3-2}$$

式中：$G_{se(RAP)}$——沥青混合料回收料（RAP）中矿料有效相对密度；

G_b——估计的沥青相对密度；

$G_{mm(RAP)}$——沥青混合料回收料（RAP）理论最大相对密度；

$P_{b(RAP)}$——沥青混合料回收料（RAP）沥青含量（%）；

$G_{sb(RAP)}$——沥青混合料回收料（RAP）矿料毛体积相对密度；

P_{ba}——吸收沥青含量，根据相同原材料的沥青混合料历史记录估计（%）。

条文说明

本条为此次修订新增加的内容。RAP 毛体积密度准确与否，影响到 VMA 的计算，进而影响沥青用量的大小和混合料的耐久性。由于 P_{ba} 通过历史记录估计存在不确定性，对于高掺量 RAP 的厂拌热再生沥青混合料，应实测 RAP 矿料毛体积相对密度而非采用上述公式计算得到。此外，有的 RAP 在燃烧过程中集料也会被燃烧掉，这样的 RAP 应使用溶剂法回收集料。

D. 9 配合比设计检验

D. 9. 1 应按现行《公路沥青路面施工技术规范》（JTG F40）热拌沥青混合料配合比设计方法的有关规定进行。

D. 10 配合比设计报告

D. 10. 1 热再生沥青混合料配合比报告应包括：沥青混合料回收料（RAP）试验结果、沥青混合料回收料（RAP）掺量确定、再生沥青的试验结果、工程设计级配范围选择说明、材料品种选择与新材料试验结果、矿料级配、最佳沥青用量，以及各项体积指标、配合比设计检验结果等。

附录 E 就地热再生沥青混合料配合比设计方法

E.1 一般规定

E.1.1 本方法适用于就地热再生沥青混合料的配合比设计。

E.1.2 就地热再生沥青混合料的目标配合比设计宜按图 E.1.2 的步骤进行，生产配合比可参照本方法规定的步骤进行。

E.1.3 就地热再生沥青混合料配合比设计应通过试验段进行检验。

E.2 确定工程设计级配范围

E.2.1 在规定的级配范围内，根据交通荷载等级、工程性质、交通特点、材料品种等因素，通过对条件大体相当的工程使用情况进行调查研究后确定，特殊情况下允许超出规范要求级配范围。经确定的工程设计级配范围是配合比设计的依据，不得随意变更。

E.3 矿料级配设计

E.3.1 宜根据沥青混合料回收料（RAP）的矿料级配和拟定的设计级配范围，确定掺加的新矿料级配。

E.3.2 当再生沥青混合料不能满足级配要求时，应综合考虑再生厚度、新沥青混合料的掺配比例和级配、再生沥青性能、再生沥青混合料性能等，调整级配范围。

E.3.3 再生沥青混合料宜掺加新沥青混合料，以改善原路面矿料级配。

E.4 确定再生剂用量

E.4.1 应充分考虑再生路面的气候、交通特点、层位、纵横坡、超高等因素，确定再生沥青的目标标号。

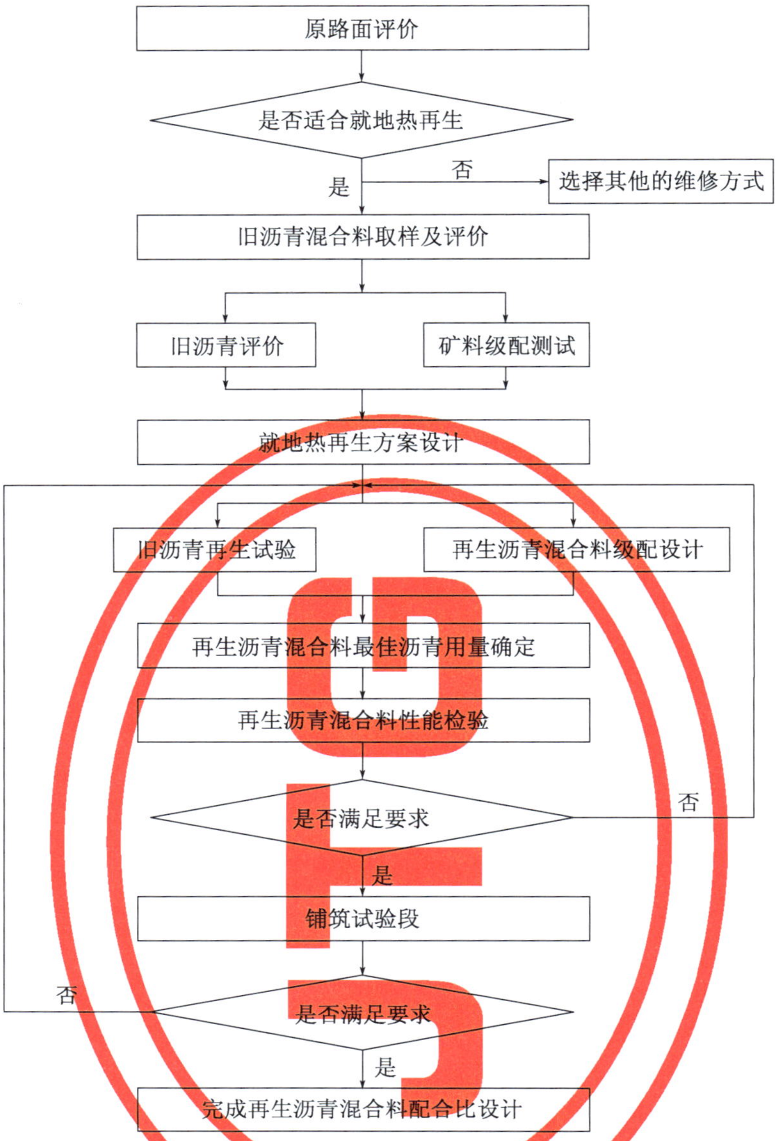

图 E.1.2　就地热再生混合料设计流程图

E.4.2　应根据再生沥青的目标标号，确定再生剂用量。可采用如下的试配法进行旧沥青再生试验：将再生剂按一定间隔的等差数列比例掺入旧沥青，测定再生沥青的三大指标，绘制变化曲线，用内插法初步确定再生剂用量。

条文说明

使用再生剂时，再生沥青的目标标号要根据气候条件、交通荷载等级等实际情况确定。需要注意的是，由于热再生本身的工艺特点，再生沥青的目标标号要低于该地区通常使用的新沥青标号，以防止出现由于再生沥青标号太高造成再生沥青路面高温稳定性变差的情况。一般情况下，可以考虑将原路面新沥青标号降低一个标号作为再生沥青的目标标号。

经验表明，在满足再生沥青技术指标的前提下，再生剂能少用则尽量少用。一般情况下，掺加的新沥青的标号可选择现行《公路沥青路面施工技术规范》（JTG F40）中规定该地区的新沥青标号。当选择掺加高标号的新沥青时，可以适当减少再生剂的用量。掺加的新沥青技术指标要求参照现行《公路沥青路面施工技术规范》（JTG F40）确定。

E.4.3 确定再生剂用量时应考虑RAP中粗集料吸附沥青情况。

E.5 马歇尔试验

E.5.1 预估再生沥青混合料的油石比，以此为中值，以一定的间隔确定5个新沥青用量，分别成型马歇尔试件。

E.5.2 应按现行《公路工程沥青及沥青混合料试验规程》（JTG E20）的方法测试试件的毛体积相对密度、吸水率、理论最大相对密度，测试再生沥青混合料马歇尔稳定度和流值。

E.6 确定最佳新沥青用量

E.6.1 应按现行《公路沥青路面施工技术规范》（JTG F40）的方法确定最佳新沥青用量。

E.6.2 新沥青混合料应避免出现沥青过多而导致沥青流淌和离析等现象。新沥青无法随同新加沥青混合料加入时，可将多出的部分作为添加剂在再生施工中单独添加。

条文说明

若将计算得到的新沥青用量与新集料作为新混合料的油石比，可能会导致新混合料用油量较多，产生流淌和离析等现象。因此建议新沥青混合料的油石比与再生混合料油石比相同，不足的部分通过现场添加弥补。

E.7 配合比设计检验

E.7.1 应按现行《公路沥青路面施工技术规范》（JTG F40）的方法进行配合比设计检验。

E.8 试验段检验再生沥青混合料性能

E.8.1 就地热再生沥青混合料的性能应经试验段检验。

E.8.2 试验段检验项目主要有：现场再生沥青的技术指标、马歇尔稳定度、再生混合料的级配、车辙动稳定度、浸水马歇尔残留稳定度、冻融劈裂强度比、低温破坏应变等，检验上述指标是否满足设计要求。

条文说明

增加高温和低温性能检验，主要判断再生剂对再生混合料高温性能的影响和对低温性能的恢复情况。

附录F　乳化沥青（泡沫沥青）冷再生混合料配合比设计方法

F.1　一般规定

F.1.1　本方法适用于使用马歇尔方法进行乳化沥青或者泡沫沥青冷再生混合料的配合比设计。

条文说明

有条件的情况下可以采用旋转压实仪成型、振动压实成型，但压实参数、技术要求等需要通过论证确定。

F.1.2　中、细粒式冷再生混合料，宜采用标准击实法成型（ϕ101.6mm×63.5mm）；粗粒式冷再生混合料，应采用大型击实法成型（ϕ152.4mm×95.3mm）。

F.1.3　冷再生沥青混合料的目标配合比设计宜按图F.1.3的步骤进行。

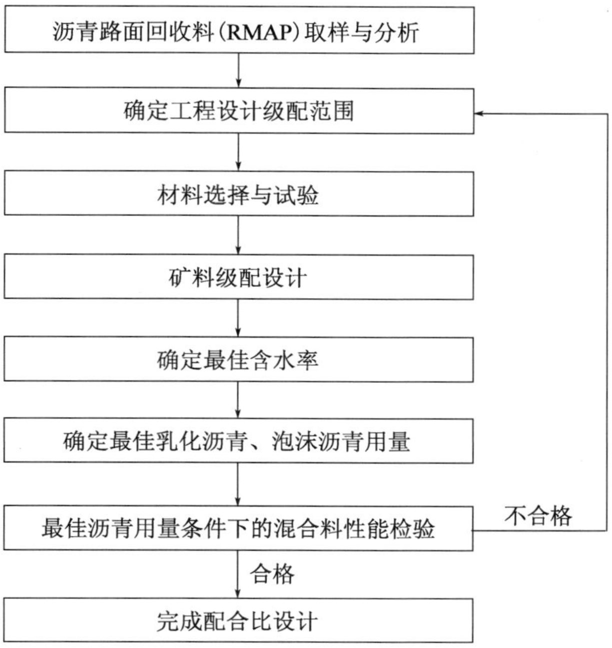

图F.1.3　乳化沥青（泡沫沥青）冷再生混合料设计流程图

F.2 沥青路面回收料（RMAP）取样与分析

F.2.1 厂拌冷再生的混合料配合比设计，沥青混合料回收料（RAP）应按本规范附录 B.2 的规定从处理后的沥青混合料回收料（RAP）料堆取样。就地冷再生和全深式冷再生的混合料配合比设计，沥青路面回收料（RMAP）应按本规范附录 B.1 的规定从原路面取样。

F.2.2 应按本规范表 5.8.1 和第 5.9.1 条的要求实测沥青路面回收料（RMAP）各项技术指标。

条文说明

沥青混合料回收料（RAP）在再生混合料中到底是作为沥青混合料在发挥作用，还是作为“黑色集料”在发挥作用，是经常困扰工程技术人员的一个问题。两者的区别在于，如果将沥青混合料回收料（RAP）作为沥青混合料看待，则承认 RAP 中的沥青与新沥青的融合；而如果是作为“黑色集料”对待，则认为 RAP 中的沥青不会与新沥青融合，也就不会影响结合料的性质。

对于冷再生混合料而言，新沥青与旧沥青的融合尽管没有热再生充分，但也是不同程度存在的，尤其是对于新沥青完全裹覆形态的乳化沥青冷再生混合料而言更是不能忽视的。因此，检测沥青混合料回收料（RAP）的沥青含量及回收沥青的指标，对于冷再生混合料设计而言是有价值的。

F.2.3 应按本规范表 5.8.2 和表 5.9.2 的要求检测 RAP 和 RAI 指标并确定满足要求。

F.3 确定工程设计级配范围

F.3.1 工程设计级配范围应在本规范规定的级配范围内，根据交通荷载等级、工程性质、交通特点、材料品种等因素，通过对条件大体相当的工程使用情况进行调查研究后确定。经确定的工程设计级配范围是配合比设计的依据，不得随意变更。

F.4 材料选择与试验

F.4.1 配合比设计所用集料，其质量应满足本规范的技术要求。当单一规格的集料某项指标不合格，但不同粒径规格的集料按设计级配形成的冷再生混合料指标能符合本规范要求时，允许使用。

F.4.2 应针对工程实际使用的材料进行有针对性的乳化沥青配方设计。使用乳化沥青作为再生结合料时，乳化沥青的技术指标应满足表5.2.1的要求。

F.4.3 使用泡沫沥青作为再生结合料时，泡沫沥青的选择应满足下列要求：

1 应按本规范附录C的方法进行沥青发泡试验。沥青发泡性能应满足表5.3.1的要求。

2 在不影响沥青和混合料性能的前提下，可使用发泡剂改善沥青发泡性能。

条文说明

通过添加发泡剂，一方面可以降低表面张力；另一方面，离子型发泡剂会吸附在液膜表面形成扩散双电层，当液膜变薄到一定程度时两个双电层发生重叠，产生相斥作用，阻止液膜进一步变薄，从而改善沥青的发泡特性。反之，如果材料中含有消泡剂的成分，则不利于沥青发泡，有的沥青在原油开采和炼制过程中添加消泡剂造成了发泡困难。

F.4.4 配合比设计的各种矿料、沥青路面回收料（RMAP）、水泥等应按相关规定，从工程实际使用的材料中取有代表性的样品进行检测，质量应满足本规范相关要求。

F.5 矿料配合比设计

F.5.1 测得沥青路面回收料（RMAP）、新集料、水泥等各组成材料的级配。

F.5.2 以沥青路面回收料（RMAP）为基础，掺加不同比例的新集料、水泥等，使合成级配满足工程设计级配的要求。

F.5.3 合成级配曲线应平顺，不宜有锯齿形交错。

F.6 确定最佳含水率

F.6.1 参照现行《公路土工试验规程》（JTG E40）T0131方法，对合成矿料进行击实试验，确定最佳含水率。

F.6.2 使用乳化沥青时，乳化沥青试验用量可定为3.5%，变化水量进行击实试验，获得最大干密度时混合料的含水率即为冷再生混合料最佳含水率OWC。

条文说明

由于乳化沥青本身含有近40%的水，因此乳化沥青冷再生混合料的最佳含水率不仅应该计算外加拌和水以及矿料中所含的水，还应该将乳化沥青中的水计入其中。

除了最佳含水率，国外还有最佳液体含量（optimal liquid content）的概念。例如，美国有的州将乳化沥青量和水量定义为“液体含量”，并使用密度曲线确定最佳液体含量的水平，同时也有不少州使用“最佳含水率”的概念，即乳化沥青中的水、外加水、矿料和RAP中的水之和（混合料体系中所有水分的总和）。大量的试验对比结果表明，在保持总液体含量不变的情况下改变乳化沥青和水的比例，混合料的干湿状态变化比较明显，而保持总含水率不变的情况下改变乳化沥青和水的比例，混合料的干湿状态变化相对较小。因此，本规范采用的是含水率而不是液体含量的概念。

在冷再生混合料的设计流程中，先确定最佳含水率还是先确定沥青含量，国外方法也不尽相同。有的是先采用一个固定的沥青用量，变化外加水量，通过击实试验确定最佳含水率；有的则是先采用一个固定的含水率，变化沥青用量制备试样得到最佳沥青用量，然后在最佳沥青用量的情况下通过击实试验得到最佳含水率。例如美国有的州就规定将总水量保持在3%，变化4个乳化沥青用量（1.0%、1.5%、2.0%、2.5%）制备试样确定最佳沥青用量，然后在选定的最佳乳化沥青用量下，按照总水量2.0%、2.5%、3.0%、3.5%、4.0%分别制作试样确定混合料的空隙率，据此确定最佳含水率。

对于如何确定最佳含水率，国外也有不同的方法。例如有的规定以乳化沥青在石料上有很好的裹覆但又没有多余的液体流出时的水量计算最佳含水率；有的则是细化成两个最佳含水率，一个是最佳拌和含水率（OMMC），另外一个是最佳击实含水率（OCMC），前者通过拌和试验由技术人员定性判断，后者则通过振动成型试验定量确定。

F.6.3 使用泡沫沥青时，在不添加泡沫沥青的情况下，变化含水率进行击实试验获得最大干密度，对应的含水率即为冷再生混合料最佳含水率OWC。

条文说明

理论上讲，是否喷入泡沫沥青对击实试验结果是有影响的，但是由于泡沫沥青含水率很低，而且泡沫沥青在混合料中不呈裹覆状态，因此实际影响往往不大。近年来的工程实践中在确定最佳含水率时也一般不喷入泡沫沥青，本规范为简化试验流程，相应进行了修改。

工程实践中发现，在击实试验最大干密度对应的含水率的基础上折减20%左右的含水率可能更有利于泡沫沥青分散及保证混合料性能。

F.7 确定最佳乳化沥青用量、最佳泡沫沥青用量及水泥用量

F.7.1 以预估的沥青用量为中值，按一定间隔变化形成4～5个乳化沥青（泡沫沥青）用量，取1～3个水泥用量，保持冷再生混合料最佳含水率OWC不变，按下列方法制备马歇尔试件：

1 向拌和机内加入足够的拌和均匀的含沥青路面回收料（RMAP）的混合集料。

2 按计算得到的加水量加水，拌和均匀，拌和时间一般为1min。

3 按计算的乳化沥青（泡沫沥青）量加入乳化沥青（泡沫沥青），拌和均匀，拌和时间一般为1min。

4 将拌和均匀的混合料装入试模，放到马歇尔击实仪上，击实次数要求为：乳化沥青试样双面各击实50次（标准击实试件）或75次（大型击实试件），泡沫沥青试样双面各击实75次（标准击实试件）或112次（大型击实试件）。

5 将试样连同试模一起侧放在60℃的鼓风烘箱中养生至恒重，养生时间一般不少于40h。

6 将试模从烘箱中取出，乳化沥青试样应立即放置到马歇尔击实仪上，双面各击实25次（标准击实试件）或37次（大型击实试件），然后侧放在地面上，在室温下冷却至少12h，然后脱模。泡沫沥青试样直接侧放冷却12h后脱模。

条文说明

由于乳化沥青本身含有近40%的水分，因此对于乳化沥青冷再生混合料，在保持最佳含水率OWC不变而变化乳化沥青用量时，外加拌和水量实际是变化的。假设某乳化沥青冷再生混合料的最佳含水率为5.0%，所用乳化沥青的沥青含量为62%，矿料混合料的含水率为2.0%，那么以1 200g矿料混合料为例，对应不同乳化沥青用量时的外加拌和水量见表F-1。

表F-1 拌和水量计算示例

乳化沥青用量 A（%）	乳化沥青用量 B（g） $B=A\times 1\,200$	乳化沥青含水量 C（g） $C=B\times(1-62\%)$	外加拌和水量 D（g） $D=F-E-C$
3.0	36.0	13.7	22.3
3.3	39.6	15.0	21.0
3.6	43.2	16.4	19.6
3.9	46.8	17.8	18.2
4.2	50.4	19.2	16.8
矿料混合料中的含水量 E（g）	24.0		
最佳含水率对应的总的水量 F（g）	60.0		

F.7.2 对于乳化沥青冷再生混合料，测定试件的毛体积相对密度 γ_f，宜采用现行《公路工程沥青及沥青混合料试验规程》（JTG E20）T0707 蜡封法。用其他方法测定试件的毛体积密度前，应对该试验方法进行验证。

F.7.3 对于乳化沥青冷再生混合料，在成型马歇尔试件的同时，用现行《公路工程沥青及沥青混合料试验规程》（JTG E20）T0711 真空法实测各组再生混合料的理论最大相对密度 γ_t。

F.7.4 将各组油石比试件进行 15℃劈裂试验、浸水 24h 劈裂试验：

1 15℃劈裂试验方法：应按现行《公路工程沥青及沥青混合料试验规程》（JTG E20）T0716，将试件浸泡在 15℃恒温水浴中 2h（小型马歇尔试件）或 4h（大型马歇尔试件），然后取出试件立即测试 15℃劈裂试验强度。

2 浸水 24h 劈裂试验方法：将试件完全浸泡在 25℃恒温水浴中 22h，再按现行《公路工程沥青及沥青混合料试验规程》（JTG E20）T0716，将试件在 15℃恒温水浴中完全浸泡 2h（小型马歇尔试件）或 4h（大型马歇尔试件），然后取出试件立即进行劈裂试验，结果即为浸水 24h 劈裂试验强度。

3 干湿劈裂强度比是浸水 24h 劈裂试验强度与 15℃劈裂试验强度的比值，按式（F.7.4）计算干湿劈裂强度比。

$$R_{w/d}=\frac{P_w}{P_d}\times 100 \tag{F.7.4}$$

式中：P_w——试件浸水 24h 劈裂试验强度（MPa）；

P_d——试件 15℃劈裂试验强度（MPa）；

$R_{w/d}$——试件干湿劈裂强度比（%）。

条文说明

尽管现行《公路工程沥青及沥青混合料试验规程》（JTG E20）对劈裂试验方法有明确的规定，但工程实际中对于具体操作步骤仍存争议，为此本规范对容易出现争议的内容做了细化。对于干劈裂强度试样，在恒温水浴中浸泡的目的是使试样达到要求的试验温度，试样不应该套在塑料袋中，否则试件温度难以达到要求。

有成熟工程经验时，试验时可减少乳化沥青用量、水泥用量的变化数目，以便减少试验工作量。

F.7.5 对于乳化沥青冷再生混合料，通常情况下可按 15℃劈裂强度试验和干湿劈裂强度比试验结果达到最佳化（出现峰值），同时空隙率在 8%～13% 范围内对应的乳化沥青用量和水泥用量作为最佳乳化沥青用量（OEC）和水泥用量。当遇到试验结果无明显峰值时，应结合工程经验综合确定最佳乳化沥青用量（OEC）和水泥用量。

F.7.6 使用乳化沥青时，最佳乳化沥青用量（OEC）处的混合料空隙率应满足表6.3.5的要求，不满足时应重新进行设计。

F.7.7 对于泡沫沥青冷再生混合料，通常情况下可按15℃劈裂强度试验和干湿劈裂强度比试验结果达到最佳化（出现峰值）时对应的泡沫沥青用量和水泥用量，作为最佳泡沫沥青用量（OFC）和水泥用量。当遇到试验结果无明显峰值时，应结合工程经验综合确定最佳泡沫沥青用量（OFC）和水泥用量。

F.8 配合比设计检验

F.8.1 对于重及以上交通荷载等级的公路，应对乳化沥青（泡沫沥青）冷再生混合料的冻融劈裂强度比指标进行检验，用于面层时还应对其动稳定度指标进行检验。配合比设计检验方法应满足下列要求：

1 成型试样进行冻融劈裂试验。冻融劈裂试件成型的击实次数，小型马歇尔试件规定为双面各击实50次，大型马歇尔试件规定为双面各击实75次，按本规范规定的方法养生，然后按现行《公路工程沥青及沥青混合料试验规程》（JTG E20）T 0729冻融劈裂试验方法对混合料性能进行检验，试验结果应满足表6.3.6、表6.4.6的要求。

2 成型试样进行车辙试验。车辙试样成型方法及试验结果应满足表6.3.6、表6.4.6的要求。

F.9 配合比设计报告

F.9.1 乳化沥青冷再生配合比设计报告至少应包含下列内容：

1 材料检测结果，包括乳化沥青、集料、沥青路面回收料（RMAP）等的检测结果；

2 工程设计级配范围、设计曲线及各矿料配合比；

3 最佳乳化沥青用量、水泥用量、最佳含水率；

4 混合料性能设计指标、检验指标结果、试验方法等。

F.9.2 泡沫沥青冷再生配合比设计报告至少应包含下列内容：

1 材料检测结果，包括沥青、集料、沥青路面回收料（RMAP）等的检测结果；

2 沥青发泡试验结果，包括最佳发泡温度、发泡水量等；

3 工程设计级配范围、设计曲线及各矿料配合比；

4 最佳泡沫沥青用量、水泥用量、最佳含水率；

5 混合料性能设计指标、检验指标结果、试验方法等。

条文说明

以下列举一个重交通荷载等级公路泡沫沥青冷再生用作下面层的混合料配合比设计示例。示例略去材料取样、材料试验分析内容。沥青发泡试验结果见附录C中的沥青发泡案例。

（1）确定工程设计级配范围

根据RAP和矿料等的筛分结果，结合工程需要和以往工程经验，确定采用中粒式级配，并在表6.4.2所示级配范围的基础上提出工程设计级配范围，如表F-2所示。

表F-2　工程设计级配范围

筛孔尺寸（mm）	26.5	19	9.5	4.75	2.36	0.3	0.075
通过率（%）	100	90～100	60～80	35～60	30～45	10～20	5～12

（2）矿料级配组成设计

泡沫沥青冷再生混合料需要有充足的0.075mm筛孔通过率，以保证泡沫沥青的均匀分散。根据原材料筛分结果和工程设计级配范围，确定矿料各组分的掺配比例和合成级配情况，如表F-3所示。

表F-3　矿料级配设计试验结果

筛孔尺寸（mm）	RAP	机制砂	矿粉	水泥	合成级配	工程设计级配范围	中粒式级配范围
26.5	100	100	100	100	100	100	100
19	96.6	100	100	100	97.0	90～100	85～100
9.5	68.5	100	100	100	72.1	60～80	55～80
4.75	42	99.5	100	100	48.6	35～60	35～60
2.36	25.4	71.1	100	100	32.5	30～45	25～45
0.3	4.5	19.7	99.2	100	11.4	10～20	8～22
0.075	2.1	13.2	75.4	98.4	7.8	5～12	4～12
掺配比例（%）	88.5	5	5	1.5	—	—	—

（3）确定最佳含水率

将旧沥青路面铣刨料RAP、机制砂、矿粉、水泥按设计的掺加比例混合，通过重型击实试验确定最佳含水率，结果见图F-1。

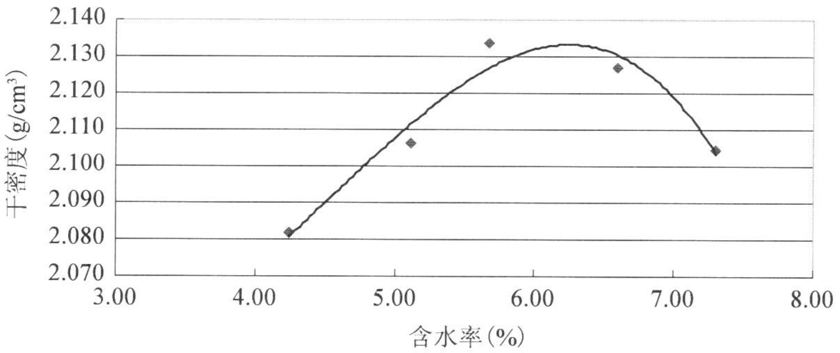

图F-1　击实曲线

通过击实试验确定混合料的最佳含水率为 6.0%。

(4) 确定最佳泡沫沥青用量

按合成级配中旧沥青路面铣刨料、机制砂、矿粉、水泥的掺加比例，将各组分混合拌匀，再根据重型击实试验确定的最佳含水率加入混合集料中进行拌和，然后分别按 2.0%、2.3%、2.6%、3.0%这 4 个泡沫沥青用量加入泡沫沥青进行拌和。按本规范试件成型和养生方法，测试试件的 15℃劈裂强度、浸水 24h 后的 15℃劈裂强度。测试结果如表 F-4，以及图 F-2、图 F-3 所示。

表 F-4　不同泡沫沥青用量下混合料技术指标

试验项目		泡沫沥青用量（%）				技术要求
		2.0	2.3	2.6	3.0	
15℃劈裂试验（水泥用量 1.5%）	劈裂强度（MPa）	0.79	0.87	0.85	0.84	≥0.60
	浸水 24h 劈裂强度（MPa）	0.72	0.86	0.83	0.8	—
	干湿劈裂强度比（%）	91.1	98.9	97.6	95.2	≥75
15℃劈裂试验（水泥用量 1.8%）	劈裂强度（MPa）	0.82	0.95	0.94	0.93	≥0.60
	浸水 24h 劈裂强度（MPa）	0.73	0.89	0.9	0.86	—
	干湿劈裂强度比（%）	89.0	93.7	95.7	92.5	≥75

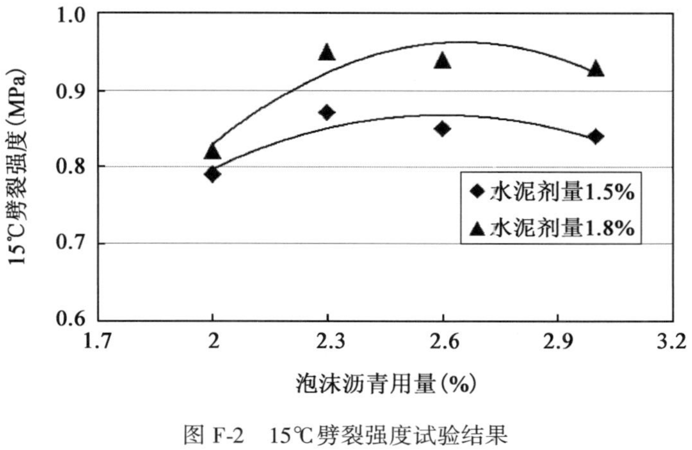

图 F-2　15℃劈裂强度试验结果

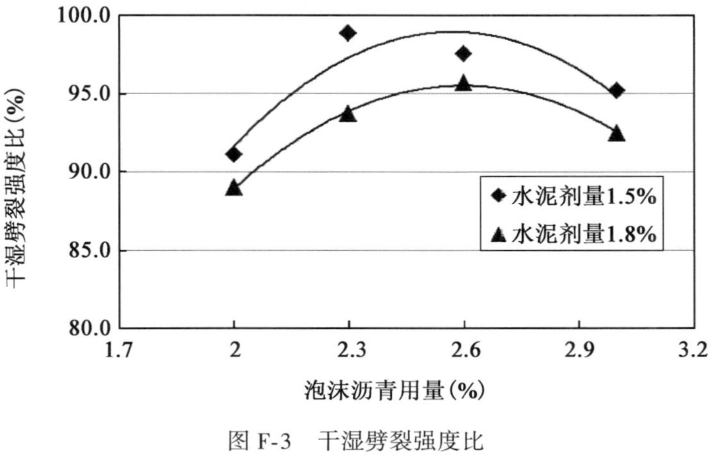

图 F-3　干湿劈裂强度比

从试验结果看，水泥用量从1.5%增至1.8%，干劈裂强度有一定增长，但是干湿劈裂强度比反而有所下降。为避免增加混合料脆性，选择1.5%的水泥用量。在1.5%水泥用量情况下，劈裂强度、干湿劈裂强度比达到峰值时对应的泡沫沥青用量均为2.6%。因此，确定最佳泡沫沥青用量为2.6%。

（5）配合比设计检验

按设计级配、最佳含水率、最佳泡沫沥青用量成型试件，进行冻融劈裂试验、车辙试验，试验结果如表F-5所示。试验结果满足本规范要求。

表F-5　泡沫沥青冷再生混合料性能检验指标要求

试验项目	试验结果	技术要求
冻融劈裂强度比TSR（%）	88.2	≥75
60℃动稳定度（次/mm）	2 660	≥2 000（面层）

（6）设计结论

通过室内试验设计，推荐该泡沫沥青冷再生项目的目标配合比设计方案如表F-6所示。

表F-6　泡沫沥青冷再生混合料目标配合比设计方案

沥青发泡条件		矿料掺配比例（%）				泡沫沥青用量（%）	最佳含水率（%）
温度（℃）	用水量（%）	旧路面铣刨料	机制砂	矿粉	水泥		
170	3.4	88.5	5	5	1.5	2.6	6.0

本规范用词用语说明

1　本规范执行严格程度的用词，采用下列写法：

1）表示很严格，非这样做不可的用词，正面词采用“必须”，反面词采用“严禁”；

2）表示严格，在正常情况下均应这样做的用词，正面词采用“应”，反面词采用“不应”或“不得”；

3）表示允许稍有选择，在条件许可时首先应这样做的用词，正面词采用“宜”，反面词采用“不宜”；

4）表示有选择，在一定条件下可以这样做的用词，采用“可”。

2　引用标准的用语采用下列写法：

1）在标准总则中表达与相关标准的关系时，采用“除应符合本规范的规定外，尚应符合国家和行业现行有关标准的规定”。

2）在标准条文及其他规定中，当引用的标准为国家标准或行业标准时，表述为“应符合《×××××××》（×××）的有关规定”。

3）当引用本标准中的其他规定时，表述为“应符合本规范第×章的有关规定”、“应符合本规范第×.×节的有关规定”、“应符合本规范第×.×.×条的有关规定”或“应按本规范第×.×.×条的有关规定执行”。

现行公路工程行业标准一览表

（2024年3月）

序号	板块	模块	现行编号	名称	定价(元)
1	总体		JTG 1001—2017	公路工程标准体系(14300)	20.00
2			JTG 1002—2022	公路工程行业标准制修订管理导则(18218)	40.00
3			JTG 1003—2023	公路工程行业标准编写导则(18257)	40.00
4	通用	基础	JTG B01—2014	公路工程技术标准(活页夹版,11814)	98.00
				公路工程技术标准(平装版,11829)	68.00
5			JTG 2111—2019	小交通量农村公路工程技术标准(15372)	50.00
6			JTG 2112—2021	城镇化地区公路工程技术标准(17752)	50.00
7			JTG 2120—2020	公路工程结构可靠性设计统一标准(16532)	50.00
8			建标[2011]124号	公路工程项目建设用地指标(09402)	36.00
9			JTG F80/1—2017	公路工程质量检验评定标准　第一册　土建工程(14472)	90.00
10			JTG 2182—2020	公路工程质量检验评定标准　第二册　机电工程(16987)	60.00
11		安全	JTG B05—2015	公路项目安全性评价规范(12806)	45.00
12			JTG B05-01—2013	公路护栏安全性能评价标准(10992)	30.00
13			JTG/T 2213—2023	公路大件运输安全通行评价技术规范(18523)	60.00
14			JTG B02—2013	公路工程抗震规范(11120)	45.00
15			JTG/T 2231-01—2020	公路桥梁抗震设计规范(16483)	80.00
16			JTG/T 2231-02—2021	公路桥梁抗震性能评价细则(16433)	40.00
17			JTG 2232—2019	公路隧道抗震设计规范(16131)	60.00
18			JTG F90—2015	公路工程施工安全技术规范(12138)	68.00
19		绿色	JTG B03—2006	公路建设项目环境影响评价规范(13373)	40.00
20			JTG B04—2010	公路环境保护设计规范(08473)	28.00
21			JTG/T 2321—2021	公路工程利用建筑垃圾技术规范(17536)	40.00
22			JTG/T 2340—2020	公路工程节能规范(16115)	30.00
23		智慧	JTG/T 2420—2021	公路工程信息模型应用统一标准(17181)	50.00
24			JTG/T 2421—2021	公路工程设计信息模型应用标准(17179)	80.00
25			JTG/T 2422—2021	公路工程施工信息模型应用标准(17180)	70.00
26			JTG/T 2430—2023	公路工程设施支持自动驾驶技术指南(19031)	40.00
27	建设	勘测	JTG C10—2007	公路勘测规范(06570)	40.00
28			JTG/T C10—2007	公路勘测细则(06572)	42.00
29			JTG C20—2011	公路工程地质勘察规范(09507)	65.00
30			JTG/T C21-01—2005	公路工程地质遥感勘察规范(0839)	17.00
31			JTG/T C21-02—2014	公路工程卫星图像测绘技术规程(11540)	25.00
32			JTG/T 3221-04—2022	公路跨海通道工程地质勘察规程(18076)	70.00
33			JTG/T 3222—2020	公路工程物探规程(16331)	60.00
34			JTG 3223—2021	公路工程地质原位测试规程(17325)	100.00
35			JTG C30—2015	公路工程水文勘测设计规范(12063)	70.00
36		设计	JTG/T 3310—2019	公路工程混凝土结构耐久性设计规范(15635)	50.00
37			JTG/T 3311—2021	小交通量农村公路工程设计规范(17487)	60.00
38			JTG D20—2017	公路路线设计规范(14301)	80.00
39			JTG/T D21—2014	公路立体交叉设计细则(11761)	60.00
40			JTG D30—2015	公路路基设计规范(12147)	98.00
41			JTG/T D31—2008	沙漠地区公路设计与施工指南(1206)	32.00
42			JTG/T D31-02—2013	公路软土地基路堤设计与施工技术细则(10449)	40.00
43			JTG/T 3331-03—2024	采空区公路设计与施工技术规范(4722)	50.00
44			JTG/T 3331-04—2023	多年冻土地区公路设计与施工技术规范(18518)	80.00
45			JTG/T D31-05—2017	黄土地区公路路基设计与施工技术规范(13994)	50.00
46			JTG/T D31-06—2017	季节性冻土地区公路设计与施工技术规范(13981)	45.00
47			JTG/T 3331-07—2024	公路膨胀土路基设计与施工技术规范(4709)	60.00
48			JTG/T 3331-08—2022	盐渍土地区公路路基设计与施工技术细则(18515)	60.00
49			JTG/T D32—2012	公路土工合成材料应用技术规范(09908)	50.00
50			JTG/T D33—2012	公路排水设计规范(10337)	40.00
51			JTG/T 3334—2018	公路滑坡防治设计规范(15178)	55.00
52			JTG D40—2011	公路水泥混凝土路面设计规范(09463)	40.00
53			JTG D50—2017	公路沥青路面设计规范(13760)	50.00
54			JTG/T 3350-03—2020	排水沥青路面设计与施工技术规范(16651)	50.00
55			JTG D60—2015	公路桥涵设计通用规范(12506)	40.00
56			JTG/T 3360-01—2018	公路桥梁抗风设计规范(15231)	75.00
57			JTG/T 3360-02—2020	公路桥梁抗撞设计规范(16435)	40.00
58			JTG/T 3360-03—2018	公路桥梁景观设计规范(14540)	40.00
59			JTG D61—2005	公路圬工桥涵设计规范(13355)	30.00
60			JTG 3362—2018	公路钢筋混凝土及预应力混凝土桥涵设计规范(14951)	90.00
61			JTG 3363—2019	公路桥涵地基与基础设计规范(16223)	90.00
62			JTG D64—2015	公路钢结构桥梁设计规范(12507)	80.00
63			JTG/T D64-01—2015	公路钢混组合桥梁设计与施工规范(12682)	45.00
64			JTG/T 3364-02—2019	公路钢桥面铺装设计与施工技术规范(15637)	50.00
65			JTG/T 3365-01—2020	公路斜拉桥设计规范(16365)	50.00
66			JTG/T 3365-02—2020	公路涵洞设计规范(16583)	50.00
67			JTG/T D65-05—2015	公路悬索桥设计规范(12674)	55.00
68			JTG/T D65-06—2015	公路钢管混凝土拱桥设计规范(12514)	40.00
69			JTG/T 3365-05—2022	公路装配式混凝土桥梁设计规范(17885)	60.00
70			JTG 3370.1—2018	公路隧道设计规范　第一册　土建工程(14639)	110.00
71			JTG D70/2—2014	公路隧道设计规范　第二册　交通工程与附属设施(11543)	50.00
72			JTG/T D70—2010	公路隧道设计细则(08478)	66.00

序号	板块	模块	现行编号	名称	定价(元)
73	建设	设计	JTG/T D70/2-01—2014	公路隧道照明设计细则(11541)	35.00
74			JTG/T D70/2-02—2014	公路隧道通风设计细则(11546)	70.00
75			JTG/T 3371—2022	公路水下隧道设计规范(17889)	120.00
76			JTG/T 3371-01—2022	公路沉管隧道设计规范(18063)	70.00
77			JTG/T 3374—2020	公路瓦斯隧道设计与施工技术规范(16141)	60.00
78			JTG D80—2006	高速公路交通工程及沿线设施设计通用规范(0998)	25.00
79			JTG D81—2017	公路交通安全设施设计规范(14395)	60.00
80			JTG/T D81—2017	公路交通安全设施设计细则(14396)	90.00
81			JTG/T 3381-02—2020	公路限速标志设计规范(16696)	40.00
82			JTG D82—2009	公路交通标志和标线设置规范(07947)	116.00
83			JTG/T 3383-01—2020	公路通信及电力管道设计规范(16686)	40.00
84			JTG/T L11—2014	高速公路改扩建设计细则(11998)	45.00
85			JTG/T L80—2014	高速公路改扩建交通工程与沿线设施设计细则(11999)	30.00
86			JTG/T 3392—2022	高速公路改扩建交通组织设计规范(17883)	50.00
87		通用图	JTG/T 3911—2021	装配化工字组合梁钢桥通用图(17771)	3000.00
88			JTG/T 3912—2022	装配化箱形组合梁钢桥通用图(18348)	3000.00
89		试验	JTG E20—2011	公路工程沥青及沥青混合料试验规程(09468)	106.00
90			JTG 3420—2020	公路工程水泥及水泥混凝土试验规程(16989)	100.00
91			JTG 3430—2020	公路土工试验规程(16828)	120.00
92			JTG 3431—2024	公路工程岩石试验规程(4702)	40.00
93			JTG 3432—2024	公路工程集料试验规程(4704)	100.00
94			JTG E50—2006	公路工程土工合成材料试验规程(13398)	40.00
95			JTG 3441—2024	公路工程无机结合料稳定材料试验规程(4703)	80.00
96			JTG 3450—2019	公路路基路面现场测试规程(15830)	90.00
97		检测	JTG/T 3512—2020	公路工程基桩检测技术规程(16482)	60.00
98			JTG/T 3520—2021	公路机电工程测试规程(17414)	60.00
99			JTG/T 4320—2022	公路车辆动态称重检测系统技术规范(18265)	30.00
100		施工	JTG/T 3610—2019	公路路基施工技术规范(15769)	80.00
101			JTG/T F20—2015	公路路面基层施工技术细则(12367)	45.00
102			JTG/T F30—2014	公路水泥混凝土路面施工技术细则(11244)	60.00
103			JTG F40—2004	公路沥青路面施工技术规范(05328)	50.00
104			JTG/T 3650—2020	公路桥涵施工技术规范(16434)	125.00
105			JTG/T 3650-01—2022	公路桥梁施工监控技术规程(18268)	40.00
106			JTG/T 3650-02—2019	特大跨径公路桥梁施工测量规范(15634)	80.00
107			JTG/T 3651—2022	公路钢结构桥梁制造和安装施工规范(17884)	80.00
108			JTG/T 3652—2022	跨海钢箱梁桥大节段施工技术规程(18075)	30.00
109			JTG/T 3654—2022	公路装配式混凝土桥梁施工技术规范(18231)	60.00
110			JTG/T 3660—2020	公路隧道施工技术规范(16488)	100.00
111			JTG/T 3671—2021	公路交通安全设施施工技术规范(17000)	50.00
112			JTG/T F72—2011	公路隧道交通工程与附属设施施工技术规范(09509)	35.00
113		监理	JTG G10—2016	公路工程施工监理规范(13275)	40.00
114		造价	JTG 3810—2017	公路工程建设项目造价文件管理导则(14473)	50.00
115			JTG/T 3811—2020	公路工程施工定额测定与编制规程(16083)	60.00
116			JTG/T 3812—2020	公路工程建设项目造价数据标准(16836)	100.00
117			JTG 3820—2018	公路工程建设项目投资估算编制办法(14362)	60.00
118			JTG/T 3821—2018	公路工程估算指标(14363)	120.00
119			JTG 3830—2018	公路工程建设项目概算预算编制办法(14364)	60.00
120			JTG/T 3831—2018	公路工程概算定额(14365)	270.00
121			JTG/T 3832—2018	公路工程预算定额(14366)	300.00
122			JTG/T 3832-01—2022	公路桥梁钢结构工程预算定额(18182)	40.00
123			JTG/T 3833—2018	公路工程机械台班费用定额(14367)	50.00
124	养护	综合	JTG 5110—2023	公路养护技术标准(4639)	40.00
125			JTG 5120—2021	公路桥涵养护规范(17160)	60.00
126			JTG/T 5122—2021	公路缆索结构体系桥梁养护技术规范(17764)	60.00
127			JTG/T 5124—2022	公路跨海桥梁养护技术规范(18092)	50.00
128			JTG H12—2015	公路隧道养护技术规范(12062)	60.00
129			JTJ 073.1—2001	公路水泥混凝土路面养护技术规范(13658)	20.00
130			JTG 5142—2019	公路沥青路面养护技术规范(15612)	60.00
131			JTG/T 5142-01—2021	公路沥青路面预防养护技术规范(17578)	50.00
132			JTG 5150—2020	公路路基养护技术规范(16596)	40.00
133			JTG/T 5190—2019	农村公路养护技术规范(15430)	30.00
134		检测评价	JTG 5210—2018	公路技术状况评定标准(15202)	40.00
135			JTG/T E61—2014	公路路面技术状况自动化检测规程(11830)	25.00
136			JTG/T H21—2011	公路桥梁技术状况评定标准(09324)	46.00
137			JTG/T J21—2011	公路桥梁承载能力检测评定规程(09480)	20.00
138			JTG/T J21-01—2015	公路桥梁荷载试验规程(12751)	40.00
139			JTG/T 5214—2022	在用公路桥梁现场检测技术规程(18168)	50.00
140			JTG 5220—2020	公路养护工程质量检验评定标准 第一册 土建工程(16795)	80.00
141		养护设计	JTG 5421—2018	公路沥青路面养护设计规范(15201)	40.00
142			JTG/T J22—2008	公路桥梁加固设计规范(07380)	52.00
143			JTG/T 5440—2018	公路隧道加固技术规范(15402)	70.00
144		养护施工	JTG/T F31—2014	公路水泥混凝土路面再生利用技术细则(11360)	30.00
145			JTG/T 5521—2019	公路沥青路面再生技术规范(15839)	60.00
146			JTG/T J23—2008	公路桥梁加固施工技术规范(07378)	40.00
147			JTG/T 5532—2023	公路桥梁支座和伸缩装置养护与更换技术规范(19038)	60.00
148		造价	JTG H30—2015	公路养护安全作业规程(12234)	90.00
149			JTG 5610—2020	公路养护预算编制导则(16733)	50.00
150			JTG/T M72-01—2017	公路隧道养护工程预算定额(14189)	60.00
151			JTG/T 5612—2020	公路桥梁养护工程预算定额(16855)	50.00
152			JTG/T 5640—2020	农村公路养护预算编制办法(16302)	70.00
153	运营	收费服务	JTG 6310—2022	收费公路联网收费技术标准(18175)	110.00
154			JTG/T 6303.1—2017	收费公路移动支付技术规范 第一册 停车移动支付(14380)	20.00
155			JTG B10-01—2014	公路电子不停车收费联网运营和服务规范(11566)	30.00
156		应急处置	JTG/T 6420—2024	公路交通应急装备物资储备中心技术规范(19437)	20.00